わが子が幸せになるお母さんの一言

「心の法則」で育む親子の絆

鈴木 博
Suzuki Hiroshi

創元社

まえがき

私は、過去四〇年間、人間成長のための研修を通して、五万人を越す人たちの人生と関わってきました。

私の研修は、かなり深く個人の内面にふれていくため、その人の「生き方」や「人との関わり方」が、どのようにして形成されてきたのかまでを洞察することができます。

また、さまざまな心理療法も学び、人間探究を深めてきました。交流分析はそのうちの一つで、私たちの「生き方」や「人との関わり方」の本質を示唆《しさ》してくれる理論です。

これらの私自身の体験を通して強く感じたのは、私たちの人生、その生き方は、親との関わりによって決定的な影響を受けるということです。

言い換えると、親の一言がその子どもの生き方そのものを決めてしまうこともあるということです。

「お母さんは本当はお父さんと離婚したいの。でもお前のために我慢しているのよ。だからいい子になってね」

小山《こやま》さん（二〇歳、女性）は、小さい頃からこんなことを母親に言われてきました。

「私がいなければ、大好きなお母さんはお父さんと離婚して幸せになれる。私がいなければいいんだ」

『存在するな！』

これが、彼女が自分自身に下した生き方の結論です。小学四年生のとき家出。中学一年生のとき一回めの自殺未遂、高校二年生のとき二回めの自殺未遂をしました。
親の一言が、子どもが自身の生き方の筋書を書くのに大きな影響を与えたのです。

「（多くの物事に関心を持ち）やりたいことだけやってきた！」

ある出版社がノーベル賞学者六〇人に、その子ども時代をどのように育ったのかを調査した結果として出てきた共通点です。

これもまた、彼らの偉大な実績の背景に母親の関わり、母親の一言が見えます。

子どもは無限の可能性を持っています。それを活《い》かすか潰《つぶ》すか、は親の一言にかかっているようです。

本書は、私自身の多くの人との関わりの体験と交流分析の理論をもとに、小中学生の子どもを持つ母親のために、「どうしたら子どもはやる気になるか」について述べたものです。日常遣《つか》われる母親の何気ない一言。子どもは親のその何気ない一言で、自発性を活かしたり潰したりするようです。

子どもとの関係に悩むお母さん、子どもを大きく伸ばしてあげたいと思っているお母さんのお役に立てば、著者としてこんなうれしいことはありません。

鈴木《すずき》　博《ひろし》

目次

第2章 エゴグラムであなたの性格診断

——自分の長所、短所を「交流分析」で調べてみよう

第3章

生きてるだけで母親合格
——母親の生き方を子どもは見ている

本書は一九九八年六月に祥伝社黄金文庫より出版された『わが子を活かす一言、潰す一言——子どもの将来は母親の言葉で決まる』を再編集し、デザイン、内容の一部を改訂したものです。

序章

なぜ、思うように育たないのか

「努力するほど結果が悪くなる迷路」
からの脱出

自分の産んだ子が、だんだん言うことをきかなくなる

あ、また言ってしまった。

子どもは恨《うら》めしげに眼を伏《ふ》せてうなだれている。

今、この子はどんな顔をしているのだろう。

耳の付け根がみるみる赤く染《そ》まってゆく。

小さな肩がこきざみに震《ふる》えている。

憤《いきどお》っているのかもしれない。泣きそうになるのを必死でこらえているのかもしれない。

「声をかけてやらねば」と、手を伸ばしかけたとき、子どもはクルリと小さな背を向けると、バタバタと向こうへ走り去ってしまった。

その背中は叫《さけ》んでいる。

「お母さんなんて知らない。どうせ、僕のことわかってくれっこないんだから。どうせ何を言ったってダメなんだ。いつだってそうなんだ。いつだって癇癪《かんしやく》持ちで、いつだって忙《いそが》しくって、僕の話なんか聞いてくれないで、怒ってばかりいるんだ。いつだっていつだってそうなんだ。きっと、僕なんかいないほうがいいんだ」

今日こそガミガミ言うのはよそうと、朝誓《ちか》ったばかりなのに、また言ってしまった。

「あなたはどうしていつもそうなの！　どうしたらちゃんとできるの！　いつになったらわかるの！　あなたのために言ってるのよ！　お母さんを困らせないで」

こんな言葉が、わが子をダメにすることは充分承知しているのに、また答えようのない質問と脅《おど》しと、懇願《こんがん》・愚痴《ぐち》を子どもにぶつけてしまった。自分の子どもだから愛しているはずなのに。

自分のお腹《なか》を痛めて産んだ子なのだから、嫌いなわけはないのに。なぜか、いつもグズで言うことをきかない子どもを見ると、つい叱ってしまう……。そして、夜になると、無邪気で安らかな寝顔を見ながら呟《つぶや》く。

「ごめんなさいね。お母さん、また言ってしまった」

こんな経験が、母親なら誰にでも一度や二度はあるでしょう。

ミルクを飲ませたり、おしめを替えたりの赤ん坊時代は、わが子がかわいくてしょうがなかったのに、おませに口をきくようになると、まわらない舌で話す一言二言が愛《いと》しく感じられたのも束《つか》の間、すぐに憎らしい口答えすらするようになります。

いったいどういうのかしら。私が産んで私がおっぱいをあげて、夜も寝ないで育ててきたというのに……。思わず、かわいいはずのわが子が憎らしくなってしまいます。

母親と子どもの間に大きな溝《みぞ》のできる時期

山本《やまもと》さんの長女で小学校六年生の真知子《まちこ》ちゃんは、自分が思うように物事をはこぶことができないと、まずイライラし、次にふさぎ込み、そして最後にお母さんに向かって吐き捨てるようにこう言います。

「お母さん！　私を『ブタ』と呼んで！」

真面目な顔をしてこう言う真知子ちゃんを見て、「私はブタの子を生んだ覚えはありません」と、カーッとなってしまう山本さん。

しかも定期的にこのことを繰り返すといいます。山本さんにしてみれば、「この子はなぜこんなことを言うのだろう」「私の何がいけないのだろう」と真剣そのもの。

話だけ聞くと思わずふき出してしまいますが、それは聞いている側が第三者だから。実際に、わが子のこととなるとそうはいきません。

自分の身体から、身二つになった分身である子どもの気持ちがわからない。子どもがなかなか言うことをきかない。他人の子どもには冷静に接することができるのに、ことわが子となると、つい感情的になってしまいます。

特に母親は……。

子どもが成長し、小学校高学年、中学生ともなると、問題はだんだん深刻になってきます。家庭内での躾《しつけ》だけでなく、学校や勉強といったことが絡《から》んでこざるをえないからです。

かつては、文字どおり一体であった母親と子どもの間に、大きな溝ができるのもこの時期でしょう。そして母親は、この溝を何とか埋めようと、必死の努力をします。しかし、その努力の大部分は何の効果もあげず、賽《さい》の河原で石を積んでいるような徒労感だけが残ります。

それだけならまだしも、努力をすればするほど、子どもとの溝は暗く大きなものになっていく気さえします。いったいどうしたらいいのでしょうか……。

途方にくれる前に、もう一度、冷静に子どもと母親の関係を考えてみようではありませんか。子どもの誕生は、母にとっても子にとっても初体験です。しかし、その初体験の仕方が子どもと母とでは、少し違っています。

子どもは、生まれたときから子どもです。子どもにとってのお母さんは、初めからお母さんです。ところが、お母さんは子どもを産んで、そのあとだんだんお母さんになっていきます。

子どもは生まれ落ちたとたんから子どもの役を演じますが、お母さんは、女や妻から何のリハーサルもなしに、一挙に母親役をやる羽目になります。お母さんは、お母さん役が初めてなのです。けれど子どもにとって、お母さんがお母さんじゃなかったことがあるなんて想像もできません。だって、初めて会ったときからお母さんだったのですから。

女優さんは舞台の役を演じるために、何度も何度も練習を重ねます。そして本番の幕が開き、練習の成果を観客に問います。

ところが、母親役はぶっつけ本番。一度母親になれば、一生死ぬまで母親でありつづけねばなりません。だから、うまくいかなくて当たり前です。悲観することはありません。

けれど、うまくいかないのをなんとかうまくいかせるように頭を働かせる、努力するのが、わが子への愛情というものでしょう。ものの本や文化人の講演や知り合いの話を聞いていると、甘やかしたほうがいいだの、スパルタがいいだの、育て方に対する議論は、文字どおり百出で、結局混乱するばかりです。

子どものことより、自分のことから始めるのが近道

育て方に関する精神論、たとえば、愛情を持って子どもに接しなければいけない、根気よく話し合って物事を決めていかなければいけない、親は子どもとした約束を破ってはいけない、などということは、たぶんこの本を読むお母さんたちは、充分わかっているはずです。

頭ではわかっているし、人から育て方について聞かれたら、自信を持って語れるほどかもしれません。ところが自分の人生、自分の子どものこととなると、うまくいかないのではないでしょうか。これはなぜなのでしょう。

子どもを「教育」することなど、そもそも親にはできないのだと言う人もいます。「教育」ができるのは、人生経験豊かな酸《す》いも甘いもかみわけた祖母・祖父であると言う人もいます。まだ人生の中盤にある親は、自分が生きることに精いっぱいで、子どもの教育どころか、自分の教育の真っ最中にあるというわけです。

しかし、二世帯、三世帯が一緒に暮らす昔の大家族は減少し、今は核家族が大半です。おじいちゃん、おばあちゃんを知らない子がいっぱいいます。ここはひとつがんばって、

子どもの教育と自分の教育を二つ一緒にどんと引き受けてみようではありませんか。

子どもを教育すると思うと、荷が重くなります。傲慢《ごうまん》にもなります。何をどう教えるべきかが明確でないのに、教えなくてはいけないと思うと不安になり、ヒステリックになります。その不安は、すぐ子どもに伝わるものです。

安定した母親になることこそが、安定した子どもを育てる第一歩ではないでしょうか。そして、やる気のある母親になることこそが、やる気のある子どもを育てることになるのです。

まず、「あ、また言ってしまった」と反省する自分、そして反省される自分とは、いったい何なのかを知ることから始めましょう。問題の解決は、いつの場合も「自分」からスタートするのが一番なのです。

まず、「心の動きの法則」を知っておこう

小学校六年生の田中君はいつもお母さんと口げんかばかりします。原因はお母さんの決めつけ。事実の確認もなしに決めつけて言ってくるお母さんに、田中君はあきらめにも似

た嫌《いや》な気持ちを抱き続けています。


「今日の学校の帰り、横井（田中君の友人）がゲーセンに行ってサー……」

「またお前も一緒に行ったんでしょ！」

「行ってないよ……」

いつもこんな調子です。

この「……」の部分を言葉にすると、「なんで最後まで話を聞かないんだよ。頭にくるな――」とでもなるでしょうか。ただ、学校の帰りに起こったことを伝えようとしただけなのに。

「言ってもムダ！」

このようにして、小学校高学年から中学生くらいになると、決めつけて話をろくに聞かないお母さんに対して、子どもはだんだん無口になっていきます。

重大な事件にぶつからないかぎり、子どもは親に頼らなくとも、充分に日常生活をしていけるように成長していますし、顔を合わせる機会も共通の話題も減ってきます。何を聞いても「さあー」「別に」「関係ないだろ」とけんもほろろ。「親に向かって、なんて口の利《き》き方をするの！」と、親の立場をふりかざそうものなら、待ってましたとばかり子どもの逆襲にあうでしょう。

しかし、そういう子どもに育ててしまったのは自分なのだと思いながらも後悔先に立たず。子どもといい関係、グッド・コミュニケーションを築くことに怠《なま》けてきたお返しがやってきたのです。では、子どもといい交流関係をつくるにはどうすればいいのでしょう。

ここでご紹介したいのが、トランザクショナル・アナリシス（Transactional analysis）という方法です。略してTA、訳して「交流分析」です。

トランザクト（transact）の元の意味は、「業務を行なう、交渉を処理する」の意で、その形容詞にアナリシス（analysis）「分析」がくっついてできた言葉です。文字どおり、人間の交流関係の分析であり、一九五五年、精神分析医フロイトの流れをくむアメリカのエリック・バーンという人が開発した理論です。

交流分析は、いわば心の構造と機能の分析と言えます。自分の心は、自分のものでありながら自分の思うようにはなりません。その心の中身はどのようになっているのでしょうか？

複雑な現代社会にあって、心を病《や》むビジネスマンたちも増加の一途をたどっています。

この事態はアメリカの産業界にとってゆゆしき問題であり、彼らの心の解放、自律（セルフコントロール）を行なうために、交流分析は開発されました。

交流分析は、従来の専門用語いっぱいの心理学と違って、一般の人にもわかりやすいので、アメリカでは、交流分析についての本が爆発的なベストセラーとなりました。そして今、交流分析の各分野における応用法が、世界各地に広まっています。

交流分析のいいところは、ただ単に小手先で、人の心の動きをすばやく読み取り、自分の利だけを考えるというのではなく、真に己《おのれ》を知り己を解放させ、互いが幸福になっていこうとするところにあります。まず本当の自分を知ることが、心の解放につながるのです。

むずかしいことはさておき、私はこれを教育の場に応用できないかと考えました。交流分析でビジネスマンが健康になり、企業が業績を上げることも大切なことではありますが、子どもと親のコミュニケーションを改善し、やる気のある子を育てることも大切です。

多くのお母さんたちから、「うちの子はどうして勉強しないんでしょう」「じっと机に向かうのが苦手です」「乱暴な言葉遣《づか》いが治りません。私は何度も、朝から晩まで注意していますのに」と、疲れきった顔つきで相談を受けます。

お母さんたちはけっして怠けているのではなく、毎日必死で子どもの勉強の心配をしているようです。何度も声をかけて、相談にも乗って……。しかし、それがうまくいかない。なにかが違う。方向違いの苦労をしている。エネルギーの消費量は多いのですが、それが効率よく活《い》かされていない。残念なことです。消費エネルギーが効率よく活かされないのは、その使用方法に原理原則がないことが問題です。迷路の中を右へ左へ歩き回るように、場当たり的な対応をしていると、いつまでたってもそこから抜け出せません。

そして、その右往左往が、子どもの心に不信感を芽生えさせてしまうのです。

交流分析は、人間の「心の動きの法則」を知り、その法則に適《かな》った言葉の使い方で、人間関係を改善しようというものです。

心を静かにして謙虚になって、この交流分析の方法を学んでみてください。毎日、何げなく使っている言葉のなかに「わが子を活《い》かす一言・潰《つぶ》す一言」があるのです。

第1章

わが子を活《い》かす一言・潰《つぶ》す一言

同じことでも、言い方を変えれば
子どもはやる気を起こす

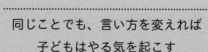

あなたの行動は、五つの心が支配している

交流分析では、心を五つに分けて考えます。

よく漫画などで、登場人物が迷うとき、吹き出しで「いい心」と「悪い心」がケンカするシーンがありますが、交流分析では人間には五つの心があると考えるのです。

たとえば買い物の途中で、交通事故の現場に出くわしたときに、あなたはどのように思うでしょうか？　それはけっして単純なものではないでしょう。いくつもの感情や考えが頭の中を行ったり来たりするはずです。

- あらイヤだわ。急いで買い物をすませないといけないのに、今日の予定が狂っちゃう。
- まだ若い女の子が車なんて乗り回すから、こんなことになるのよ。
- 大丈夫かしら。誰か警察には連絡したのかしら。
- どんなふうにぶつかったのかしら。あのようすだとかなりスピードを出してたみたい。保険には入っているのかしら。
- またしかし、派手にぶつかったわね。救急車はまだ？
- かかわりあいにならないうちに、早くここからいなくなったほうがいいわ。

●誰か写真はもう撮ったのかしら。明日の朝刊にはきっと載《の》るわね。
●これだけの事故だもの、重傷に違いないわ。親御《おやご》さんがかわいそう……。

のぞき見したいという野次馬根性、市民としての責任感、母親としての感情など、いろいろなことを感じます。つまり、結果として起こしたあなたの行動は一つでも、心の中は微妙に複雑に揺れ動いているのです。

本当の自分はどこにあるのでしょう？　どれもが本当の自分のようであり、どれもが本当の自分ではないようでもあります。多くの感情や考えの中から、どれを選んでいくか、その選び方、行動の起こし方の違いが、人それぞれの性格をつくっていきます。

交流分析では五つの心（自我の状態）があると考えると言いましたが、まず大きくは三つに分けて考えます。一つは親のような自我の状態。これは、ペアレント（Parent）の頭文字をとってPの状態と呼びます。そして、子どものような自我の状態。これはチャイルド（Child）の意で、Cの状態と呼びます。もう一つは成人のような自我の状態。アダルト（Adult）の頭文字からAの状態と呼びます。

この三つの自我、P・A・Cの心の動きを自己分析することによって、よりよい人間関係をつくっていこうというのが交流分析の方法なのです。P・A・Cの心の動きについて、もう少し詳しく見て行きましょう。

P（Parent）とは、親のようにふるまう心の動き

躾《しつけ》を行なう父親的な心をCPと呼ぶ

親（P）の状態とは、まさに親のようにふるまう心の動きです。それには二つあって、「そんなことをしてはダメじゃないの」と叱る場合と「恐くないわ、大丈夫よ」と慰《なぐさ》める場合。

実は、Pの部分をより明確にするためにこのように二つに分けます。前者のように父親的・批判的な「親」(Critical Parent)、略してCPと、後者のような母親的・保護的な「親」(Nurturing Parent)、略してNPの二つです。言うまでもなく、この要素は大人・子どもを問わず、ともに持ち合わせているものです。ちなみにNのナーチャリングは、ナース（nurse＝看護師）が語源です。

批判的なCPとは、私たちの人生観や価値観の現われです。世の中の規則や規範を重んじ、よりよく生きていこうとする建設的な心です。自分以外の人との交流関係なくしては

生きていけないことを自覚し、悪事を働こうとする心の動きを批判、これを処罰する良心の動きが含まれます。

しかし、ある意味では、偏見を持ったりもします。

「だいたいお前はいつもこうなんだから」といううきめつけは、このCPの心です。また、「子どもは一〇時になったら寝るべきだ」とか「親に口答えをすべきではない」と断定的、説教的なものの言い方も、このCPの仕業《しわざ》です。

一方、自分の人生観や価値観をもとに、ダメなものはダメ、ときっぱり言い切る態度、はっきりしたポリシーも、このCPから出てきます。幼児への躾《しつけ》はおもにこのCPで行なわれています。社会生活を営《いとな》んでいくための最低限のルールを教え、守らない場合は処罰を与えます。

幼児ならずとも、会社で上司が部下を叱る場合の「君、駄目じゃないか、何度言ったらわかるんだ、締切り厳守だと昨日言ったばかりじゃないか」とか、家庭で夫が妻をさとす場合の「そういうふうに子どもを甘やかしてはいけないと、この前も言ったばかりじゃないか」というのもCPの心。高圧的で上から説教する感じになります。また、専制的なリーダーシップもこのCPから生まれます。

いたわり、やさしさを示す母親的な心をNPと呼ぶ

NPとは、子どもや他者の痛みや悩みをいたわるやさしい母親的な心です。テストで悪い点数を取って帰って来た子どもは、お母さんにいつ出そうか、いつ見せようかと悩みます。また叱られるだろうことは、すでに今までの体験からわかっているからです。「僕はやっぱりダメなんだ……」と心の中で呟《つぶや》いて意気消沈している子どもを、賢いお母さんなら「またこんな点数を取ってきて！」と叱りはしないでしょう。本人は、充分反省しているのですから。

逆に、ここでテスト用紙を手にモジモジしている子に、「どうしたの？ テストが返ってきたの？」「……」「点数が悪かったのね。この次にがんばればいいじゃない」と一言、声をかけてあげればどんなに気が楽になることでしょう。

子どもにとって、悲しいことがあっても逃げ帰れる場所があるという安心感は、情緒の安定につながります。しかし、この保護的なNPが過ぎると、最近多い過保護・過干渉になるおそれもあります。

子どもの教育には、CPとNPのバランスが大切

子どもの教育にとってCPとNPのバランスの取り具合いはむずかしいものです。そして、このバランスを取り違えると、子どもに悪い影響を与えます。

ここで一応、CPを父親的、NPを母親的と分けましたが、最近は父親がNPを多く持っていて、母親がCPを多く持っているという場合がひじょうに多出するようになりました。たとえば、母親のほうが子どもに厳しく、父親がまあまあ少しぐらいはいいじゃないかとなだめるというようなケースです。

父親と母親のどちらがどの役割を演じるかは、それぞれの家庭によって違うでしょう。要は、CP的な心とNP的な心が、バランスよく配合されていればいいわけです。

自分の心を振り返ってみても、友人から失恋の話を打ち明けられたとき、「しっかりしなきゃダメよ」と叱咤激励《しったげきれい》するCP的な気持ちと「大丈夫？　どうしたの？　悲しいでしょう、うんと泣いていいわよ」と温かく受け入れてあげようというNP的な気持ちの両方があるものです。

コールリッジという詩人は「偉大なる人格は、男性と女性を兼ね備えた人だ」と言って

	CP（父親的）	NP（母親的）
長所	● 理想が高い ● 正義感が強い ● 指導力がある ● リーダーシップがある ● 責任感が強い  	● やさしい、思いやりがある ● 世話好きである ● 親しみやすい ● 安心感がある ● おとなしい 
短所	● 非難・叱責をしやすい ● 攻撃的・排他的である ● 独断・偏見を持ちやすい ● 頭が固い ● 自身過剰になる ● 怒りっぽい  	● 過保護になりがち ● おせっかいをしやすい ● 甘やかしてしまう 

Pの自我状態の長所と短所

いますが、たしかに、現代においていい男というのは、女性的でナイーブなやさしさや、細やかな神経や思いやりを持っていますし、いい女というのは大胆に生きていく勇気や雄々《おお》しさを、同時に兼ね備えているようです。

母子家庭のお母さんや父子家庭のお父さんには、NPとCPの両方を兼ね備えてがんばっていらっしゃる方がたくさんいます。

A（Adult）とは、冷静に判断する客観的な心の動き

感情に左右されず、事実やデータを重視する心

次に、成人的自我のA、アダルト（Adult）のAについてお話しします。

これは別名、人間コンピュータとも言われ、最も感情に左右されない心です。事実やデータをとにかく重んじます。泣いたり笑ったり、すねたりという人間的な心情とは無縁で、常にデータを収集、整理、統合し、現実の状況を冷静に把握し合理的な結論を導き、判断を下します。

A（成人）	
長所	● 理性的である ● 現実的である ● 感情的にならず、冷静である ● あまり深く悩まない ● 公平である 
短所	● 人情味がない、つめたい ● 科学・物質万能主義になりがち ● 理屈っぽい ● 思いやりがない ● 夢がない 

Aの自我状態の長所と短所

実例をあげますと、たとえば、新聞に入ってきたチラシを見ながら奥さんが言います。「わあ、こんなステキなマンションに住んでみたいなぁ」

これに対して批判的なCPなら、「そんなマンション買ってどうやってローンを払うんだ、この前はやっぱり一戸建てがいいと言ってたばかりじゃないか」

保護的なNPなら、「気に入ったみたいだね、君も早くマンションでも買って

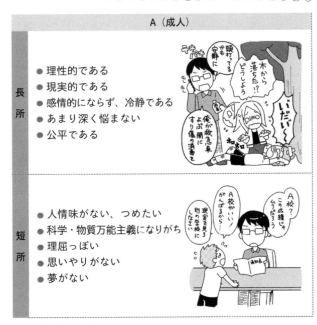

ゆっくりしたいんだろ」

これが成人としてのAなら、「場所はどこ？　広さは？　駅からの所要時間は？　ローンを組んだら毎月いくら？　共稼ぎしないと無理なようだね」

また、子どもが夜遅く帰ってきたとします。

CP「お前は、どうしていつもこんな遅くなるんだ。また、くだらないことしてたんだろ」

NP「あら無事でよかった。車にでもひかれたんじゃないかと思って心配してたのよ。早く手を洗ってご飯食べなさいね」

A「お前は、今月になって夜九時過ぎに帰って来たのがこれで三回目だよ。いつもどんなことをしてて、こんな時間になるんだ？」

結論を出す前に、ともかく多角的に物事を見ようとするAは、まずデータを集めることから始めます。常に平等、公平に評価していこうとする心は、忙しい現代人にとって必要な部分ではありますが、これが過ぎると、あまりにも効率主義的で、話していても無味乾燥、おもしろ味のない人間になってしまいます。

成人のAは、自分の性格を他人に見せまいとして自分の心を抑圧しているときにも、よく現われる心の部分です。西欧では、特にこのAにかなりの価値を認めているようですが、過ぎると科学盲信、物質万能主義的になり、日本では理屈っぽいと見られがちです。

C（Child）とは、本能的・感情的な子どものような心

創造性、自発性の源《みなもと》はFC

次に、子どものような自我、チャイルドのCについてお話しします。これもPと同じく、二つに分けられます。一つは自由な子どものFC（Free Child）、もう一つは順応性のある子どものAC（Adapted Child）です。

FCとは、子どもが本来持っている生まれたままの自我状態で、親からの躾《しつけ》を受けていない部分です。自己中心的で衝動的、本能的、活動的、好奇心や恐怖心に満《み》ち満ちていてエネルギーがあふれています。

大好きなミニカーを見ると「わっ、かっこいい、あれほしいよー」。道に咲いている花を見れば「わぁー、きれいな花」と、感嘆詞が多く出ます。若い女の子が「えーマジ、マジで？ 信じられなーい」などと感嘆詞や省略言葉を連発するのは、このFCから出てい

ます。きわめて幼児的な精神活動なわけです。

しかし泣きたいときに泣き、笑いたいときに笑う、明るく開放的なFCは、何ものにも縛《しば》られません。直観力や創造力も、このFCから出てきます。ですから、音楽家、画家などの芸術家にはFCの高い人が多いようです。〝太陽の塔〟などで有名な芸術家の岡本太郎《おかもとたろう》さんはFCの塊《かたま》りのような人で、ひじょうに好奇心が強く自発性があります。何のデータがなくても直観力で見抜いてしまうところがあります。

天才には幼児性があると言われますが、このFCが高いということでしょう。「○○したい」「○○したくない」という言葉が多く、批判的なCPの「○○すべきだ」とは対照的です。ですから幼児への躾は、このFCとCPの闘いとも言えます。

順応性、協調性で「イイ子」になるのはAC

さて、もう一つのCであるACは、自由なFCとは正反対で、親や目上の人間に言われたとおりに素直に順応していく自我です。

人にうまく合わせていくことのできる自我状態です。ACの強い子は、親や教師にとっ

	FC（自由）	AC（順応）
長所	● 明るい、天真らんまん ● ストレートな感情表現 ● 好奇心が強い ● 直観力・創造力がある ● やる気がある	● 協調性がある ● 従順である ● がまん強い ● 慎重である ● 他人への配慮がある
短所	● 衝動的に行動する ● わがまま ● 無責任になりやすい ● 調子にのる ● 感情的になる	● 消極的になりがち ● 主体性に欠ける ● 自己主張しない ● 自分の感情を表現しない

Cの自我状態の長所と短所

て、手のかからないイイ子で優等生ですから、表面的には問題がないように思えます。しかし、根底でFCを極度に抑《おさ》え、主体性を無理して押さえ込む傾向があるために、いつか爆発する危険があります。

人に媚《こ》びたりへつらったり、人の眼を気にするのもACです。たまにテストでいい点数をとってきても、「どうせ私なんかすぐまたダメになるに決まってる。たまたま、まぐれでよかっただけなんだ」と考えたりしてしまいます。

父親が叱ると、「お父さんは私のことをちっともわかってくれない……でも、私がうまく説明できないのが悪いんだけど」と、自分を否定する方向へ考えが向いてしまいます。

小さい頃、素直で親の言うことをよくきいていた子が、中学・高校へ行って急に反抗的な態度を取るようになります。口応えをし、髪を染め……。まるで親がやってほしいことの、あえて逆のことをやっているようです。今まで押さえ込まれていたものが一時に爆発するのです。

「あんなにおとなしくていい子が……」と、その様変《さまが》わりに驚かされるのは、たいていACの度合いの高い子のようです。

自律性を高めるための三つのポイント

ここまで見てきた五つの自我であるCP（批判的「親」）、NP（保護的「親」）、A（成人）、FC（自由の「子」）、AC（順応の「子」）、すべてにいい面と悪い面があります。

とりわけ今、自分はどういう自我状態にあるのかと気づくのはA（成人）の部分で、Aが心の動きのコントロール機能を持っています。

みんながワーッと楽しくやっているときに、何か心の中に引っかかっていることがあって一人沈んでいるとき、あ、これはいけないなと気づくのは、冷静な判断力の源《みなもと》であるAの部分です。一人沈んでいてはみんなも楽しくないだろうからと、自分で気を引き立ててみんなの輪の中に入るように努力します。子どもをガミガミ叱ったあとで、「あ、また言ってしまった」と気づいて反省するのもAの部分です。

交流分析には、理想的なエゴグラム（心のエネルギーをグラフで表したもの）のタイプはありません。人それぞれ、こうなりたいという理想が違うからです。ただ、交流分析では、成人としてのAが健全に「気づき」の機能を果たし、心のエネルギーが自由にいろいろな方向に自然に流れうる状態を「自律」と呼び、これを奨励します。

交流分析理論の目的は、「自律的に生きる、自律性を高める」ということです。

そのために必要なポイントは三つ。

一つ目は、今述べた「気づき」。

二つ目は、「自発性」。自分がいつも、人の言うことばかりを気にする順応のACの状態に極端に陥《おちい》りがちだと気づいたら、自発的に自由な心であるFCを強め、少々の誤解は恐れず無邪気にふるまうように努力すること。

最後の三つ目は、「親密」です。世の中に生きている人は全員、自律して自分の人生に責任を持って生きている。そして、それをお互いが認め、援助し合えるということを親密と呼びます。ただし、倒れる人に向かって何でもかんでも手を貸してやって「大丈夫か、起きられるか」と助けてあげるのを、親密とは呼びません。あくまでも、本人が自分の意志で立てるように援助してあげることを「親密」と呼びます。

それでは、子どもの自律性や自発性を育てるために、親としてどのような援助をしたらよいのでしょうか。きわめて難問だと思われるかもしれませんが、実は簡単です。子どもに対するものの言い方を変えるだけなのです。これから、具体的にどんな言い方をすればよいかを述べることにします。

1 こんな言葉が、やる気を潰《つぶ》している
――決めつけや命令には、なぜまったく効果がないのか

親が子どもに対する言葉を変えるだけで大丈夫

「愛情を持って子どもに接しよう」
「押しつけ教育はよくない」
「自由に伸び伸び育てよう」
「長期的視野に立って子どもを育てよう」

多くの教育関係者が、こうしたことを主張します。そしてこれらはすべて、もっともなことで誰も反対する人はいません。にもかかわらず、わが子への教育がうまくいかないのはなぜでしょうか。答えは簡単です。何をどうしたらよいのか、まるで具体的でないからです。

誤解を恐れずに、これらの具体策を示すとすれば、私は子どもへの言葉を変えるだけで

大丈夫だと主張したいと思います。この本を手にされたお母さんたちは、それぞれ、わが子を愛し大切に思っているに違いありません。ならば、子どもに対する言葉を変えるだけで大丈夫なのです。

本章では、お母さんたちがついつい口にしてしまう言葉を一つひとつとりあげてみます。言ってはならない言葉があります。言い換えなければならない言葉があります。思い当たる言葉がいくつもあるはずです。まず、それを直してみてください。

個々の言葉をとりあげる前に、一つだけ読んでいただきたい話があります。「病《やまい》は気から」という諺《ことわざ》がありますが、「やる気は言葉から」。そんな諺を新しくつくりたくなるような話です。

子どもの成績を大幅にアップさせた心理学者の一言

アメリカのカリフォルニア州南部のある小学校で、たいへん興味深い実験が行なわれました。世界的にも有名な心理学者が、ある小学校にテストを依頼しました。

「このテストは、どの子が将来伸びていくかを試すテストです。子ども全員にやらせてみてください」と。

　著名な心理学者の依頼とあって、教師たちはさっそくテストを実施し、答案を心理学者に届けてその結果を心待ちにしていました。心理学者は、その答案を実は見ることなく、何人かの生徒を無作為に選び出してこう言いました。

「この子たちは、将来、まちがいなく伸びるでしょう」

　そう太鼓判を押して、選んだ生徒のリストを教師に渡しました。そのリストを見て教師たちは驚きました。中に、成績も素行も悪くて、どうしようもない生徒がまじっていたのです。

「あの生徒が本当に伸びるのだろうか？」

「しかし、あの学者が言うことだからな。そう言えばおもしろい発想をときどきしていたな……」

　まず教師たちが、リストに載っていた生徒に接する態度が変わってきました。とてもあいつはダメだとサジを投げていた生徒に対しても、将来伸びるという太鼓判が頭に残り、真剣に接するようになりました。その真剣さは、感受性豊かな子どもたちにはすぐ伝わりました。徐々に、生徒の側も真剣に学ぶようになったのです。

そして八ヵ月後、学力検査と知能検査が実施されました。結果、なんと選び出された生徒の平均点は、他の生徒よりも十二点も高かったのです。しかも、選び出された子どものグループから、知能指数が四〇〜六〇も伸びた生徒が出現したのです。知能指数とは、一〇〇が平均であり、それ以下だと知能が劣り、それ以上だと優《すぐ》れているとされています。この指数が六〇も伸びたということは、たとえば今まで九〇だった子が、一五〇になってしまった、つまり平均以下の「できない子」が、秀才の仲間に突然入ってしまったという事実を表わしています。

教師の生徒への接し方が変わっただけで、生徒の知能がこんなに伸びたのです。「この子はダメな子だ」という否定的な接し方から、「この子は、今にきっとできるようになる子なんだ」という肯定的な接し方になっただけで、ほんとに成績が伸びてしまったのです。

今、教師の接し方、態度と書きました。しかしもっと具体的に言えば、それは何なのでしょうか。言うまでもなく、その大部分は「言葉」です。教師が子どもにかける「言葉」が変わったからに違いありません。

このような成果を、学術的には「ピグマリオン効果」と呼んでいます。人は、信ずるところを行なえば必ずそのとおりになるという見本です。「ピグマリオン効果」という名称がつけられたのには、とても美しく、かつドラマチックなギリシャ神話が下敷きになっています。

ピグマリオンの伝説が教える愛と信念の力

昔、キプロス島に「ピグマリオン」という名の若い王がいました。彼の趣味は彫刻で、いつもきまって女性の像を彫《ほ》っていました。あるとき、ひじょうに美しい大理石を手に入れると、全身全霊を打ち込んで〝理想の女性像〟を彫り始めました。毎日毎日、昼夜の別なく彫り続けました。

この世の生きた女性には求めえない、完全な美を追求して彫り続け、ついに完成しました。まるでそれは生きているようで、彼が求めた美を完璧《かんぺき》に備えている女性像でした。そして、その像のあまりの美しさに自ら彫りあげた女性像に恋をしてしまったのです。彼は、女性像をあたかも生きているかのように扱いました。

花を摘《つ》んで与え、美しいネックレスをかけてやり、夜になると自分のベッドに横たえ、やさしく愛撫したのでした。ピグマリオンは、この像が生命の通う人間であることを信じ続けていました。このひたむきな願いが、やがて愛と美の女神であるアフロディテの耳に届きました。

真剣なピグマリオンの愛を知ったアフロディテは、大理石の女性像に命を与えてやりました。冷たい大理石の像に赤みがさし、肌の温かさが感じられるようになりました。ピグマリオンがそっと近づけた像の唇が、かすかに震《ふる》えました。

しっかりと抱きしめた像に、命が宿《やど》ったことにピグマリオンは歓喜しました。そして、その女性への永遠の愛をアフロディテに誓ったのでした。彼女にはガラテアという名を与え、二人は結婚しました。二人の間にパフォスという子どもも生まれ、いつまでも幸福に暮らしたのでした。

これが「ピグマリオン効果」の名の由来です。信頼と愛情を持ってすれば、何事もかなうということを教えてくれる伝説です。生まれたままの子どもは、この大理石のようなものかもしれません。そして、彼らをすばらしい人間に変えることができるのは、母親であり、父親でありましょう。

そこで、親であるみなさんが日常で使っているさまざまな代表的な言葉をあげ、どんな言葉が有効なのか、また逆にそれぞれの言葉がどれくらいのインパクトで〝大理石〟を打ち砕いてしまうのかを数量化して、言葉の下に点数で示してみました。もちろん、そのときの状況や口調、心の状態などで変わってきますが、ひとつの目安にしてみてください。

数量化するにあたって、大切なポイントとなる「ストローク」と「ディスカウント」という概念を、次ページの①「ダメだねえ、お前は。ほんとにグズなんだから……」の解説を通して説明します。

また、交流分析を研究する学者が発表した、力づけの概算量については、②「もう少し注意すれば、一〇〇点取れたのに」の解説部分でお伝えします(50ページ参照)。この概算量は、親が五つの自我状態のそれぞれどこから反応すると、どのような力づけ、逆にマイナスの影響があるかについて説明したものです。

本書の言葉の持つインパクトを数量化した点数は、これらのことをふまえ、私が多くの人とのかかわりの中から独断で推定したものです。

①「ダメだねえ、お前は。ほんとにグズなんだから……」

マイナス800点

自分自身や相手の存在を値引き、軽視、無視する言葉

このセリフと似通ったことを言ったことはありませんか？　グズというところが、のろまでも意気地《いくじ》なしでもバカでも、本質的に相手を認めないという意味では同じです。

これを交流分析理論では、「相手にディスカウントを与える」と言います。ディスカウントとは、町でよく見かける「激安!!　ディスカウント・ショップ」のディスカウントで、文字どおり値引きを意味します。

商店でのディスカウントは金銭的な値引きを意味しますが、交流分析理論でのディスカウントは、「自己または他者の存在を値引き、軽視、無視すること」を言います。あえて自己も入っているのは、人は気弱になったとき、自分に向かって「オレ（私）はダメな人間だ。最低だ。生きる価値がない」と自分の存在をディスカウントすることもあるからです。自分をディスカウントし続けると、最終的には自殺にいきつきます。

以前から、いじめグループの間でよく使われる言葉に「シカト（無視）する」というのがありますが、これこそまさに、陰険《いんけん》なディスカウントです。

この反対の「自己または他者の存在を認める働きかけ」をストロークと呼びます。ディスカウントとともにストロークの概念を重要視したのはアメリカのエリック・バーンという心理学者ですが、彼は「人間はストロークなしには生きていけない、ストロークは心の食べ物であり、人間はストロークを求め続けて生きる動物である」と定義しています。そして、このストロークとディスカウントには、それぞれ心理的なものと肉体的なものとがあります。

具体的にどういうことかと言いますと、心理的ストロークは、ほめる、うなずく、目を見る、ほほえむ、話をじっと聴く、認めるなど。肉体的ストロークは、抱きしめる、なでる、キスする、じゃれあう、手を握る、マッサージする、そして夫婦間のセックスも、もちろんストロークに入るでしょう。

最近は肉体的ストロークの経験のない子が多く、親も苦手のようで、どうも、いじめの原因の一つはこのあたりにあるように思えてなりません。

一方、心理的ディスカウントには、バカにする、無視する、仲間外れにする、けなす、嫌味を言うなどがあげられ、肉体的なディスカウントには、殴る、けとばす、つねる、ひっかく、髪の毛を引っぱる、引きずりまわす、お灸をすえる。そして極端な肉体的ディスカウントは、自殺、殺人ということになります。

ディスカウントされ続けた子どもは、ひねくれて育つ

ただし、ここで疑問を持たれた方もいらっしゃるかと思います。

「あれ、オレはオヤジに小さい時分から殴られたりしたけど、オヤジが好きだった」

「私はよく母から、お前はほんとにオテンバでダメねえ、なんて言われて育ってきたけれど、言われるたびに何だか嬉《うれ》しかったわ」

こういう経験があるでしょう。そうです。ディスカウントとストロークの分け目は、受・け・取・る・側の気持ちにあります。親が与えたメッセージをストロークと取るか、ディスカウントと取るか、最終的に決めるのはもらった側の子どもなのです。

「叱られて殴られて、そうとうに痛かったけれど、自分のことを思って言ってくれたんだな、殴ったオヤジの手もさぞ痛かったろう」と思えたら、それはストロークになります。

また、恋人から「あなたって嫌な人ね」と言われても、受け取る側が「あいつ嫉《や》いてるんだな、ほんとはオレに惚《ほ》れてるに違いない」と思ったら、発した人の意志とは無関係にストロークになります。

しかし、日常的な会話の中でそうしたことはきわめてまれで、叱責《しっせき》や怒りの言葉は、そのとき発する側の感情に左右されていることがほとんどです。

たとえば、仕事での人間関係や家事でイライラして、そばにいる子どもの行動が気にさわり、「ほんとにあんたはバカなんだから！」と叫んでしまったら、その心の奥底には「お前なんていなくなればいい」という、存在無視の感情があります。これは強烈なディスカウントです。

私がここで特に言いたいのは、その一回のストロークやディスカウントが、その後の子どもの心の成長をひじょうに大きく左右することがあるということです。大人ならば、「今日はAさんは気分が悪いらしい」という判断もできますが、子どもは「お前はバカだ」と言われれば、そのまま受け取ってしまいます。

親からディスカウントを受け続けて育った子どもは、後年、他人から「あなたって、すばらしいわね」と、たとえ本気でストロークを与えられたとしても、その「ストローク＝

心の食べ物」の食べ方を知らないがために、それを皮肉（ディスカウント）として受け取ってしまうのです。素直に喜べないひねくれっ子のできあがりです。

逆に、親からストロークを与えられて育った子どもは、他人から少々批判されても、「私のことを思って言ってくれてるんだ」と素直に耳を傾け、悪いところは直そうと、物事を建設的な方向に考えます。そして、少々のことではへこたれない、やる気のある子どもに育っていきます。こういう子どもは、当然、人から愛される子どもに違いありません。

わが子を活かす一言

- ひろし（わが子の名前）はよく考えるところがすばらしいわね。
- 挑戦しているんだね。応援しているよ。

②「もう少し注意すれば、一〇〇点取れたのに」

マイナス150点

一度ディスカウントすると、埋め合わせるのはたいへん

テストでいつも六、七〇点しか取れない子どもが、珍しく九〇点というよい点を取ってきました。内心、子どもはほめてもらえるとウキウキしてるに違いありません。そんなときの親の対応の仕方を交流分析で見ると、五つの反応が予想されます。先に述べた心の状態、CP（批判的「親」）、NP（保護的「親」）、A（成人）、FC（自由の「子」）、AC（順応の「子」）からの反応です。

交流分析を研究する学者が、それらの反応が子どもにどれくらいの量のストローク、あるいはディスカウントを与えるものなのかを、わかりやすいように概算量を数字で表わしました。まず、基本量を成人のAからの反応に置きます。

「テスト、九〇点だったよ」

「そう、いつもより高い点だね。よかったね」

判断力の源《みなもと》であるAは、感情をまじえずに冷静に淡々と結果を見つめます。一応はほめますが、よかったからといって九〇点パーティーをやろう！とハシャいだりはしません。自由な心を持つFCの高い無邪気な子だと、親の反応に少しがっかりするかもしれませんが、一応ディスカウントはないわけで、「プラス一のストローク」となります。

次に批判的なCPからの反応の場合は、親の枠組みに合わない子どもを常に腹立たしく思っているので、こう答えてしまいます。

「九〇点も取れる力があるのに、どうして今まで怠けてたんだ！」
「九〇点取れるんだったら、もう少し注意すれば一〇〇点取れただろうに」
「九〇点？　お前カンニングしたんじゃないのか？」
「お父さんの子どもの頃は、九〇点を一回取ったからって、そんな手柄顔はしなかった」

これらの反応は、子どもに「マイナス二〇〇のディスカウント」を与えます。論理的なAから発せられたストロークの二〇〇倍ものディスカウントが、子ども心を襲うのです。

こうした反応を繰り返していると、子どもは何をしてもほめてもらえないので、ついには親に何も打ち明けなくなるでしょう。だって怒られるのが関の山。なら何もしないか、しても話さないかのどちらかです。

成績の上がった女子中学生を家出させた言葉

一方、主体性に欠け、まわりに影響を受けやすいACの度合いが強い親のケースです。この場合、親は子どもの変化にすっかり戸惑い、困惑してどうしたらいいかわからなくなってしまうことがあります。極端になると、「こんなに困ってるのはあなたのせいなんだから」と子どもに対していわれのない憎しみを向けてしまう状態です。

「お母さん、テスト九〇点だったよ」

「もおー、なにが九〇点よ。父母会ではいつもお前のために大恥かいちゃってんだから！　今、忙しいんだからあっちへ行っててよ。お母さんの邪魔ばかりしないで……」

このような憎しみの反応は、「マイナス一〇〇のディスカウント」です。子どもへの八つ当たりは、「お前なんかいなければいいのに」というメッセージ以外の何ものでもありません。

私が相談を受けた、紗代《さよ》ちゃんとその母親の例がこれに当たります。紗代ちゃんは中学三年生で偏差値が五七、けっして悪くはないのですが、偏差値が七〇近い有名女子高を受験したいということで、先生と母親と紗代ちゃんの三者面談を行なったときのことです。

先生から「現実を見てください。あまりにも無謀です」と、CP（批判的「親」）からコテンパンに言われた紗代ちゃんのそばで、お母さんも一緒に完全に極端なAC（順応の「子」）状態になってしまい、イライラして紗代ちゃんに八つ当たりしてしまいました。

それでも紗代ちゃんは冬休みにがんばって、六五の偏差値を取りました。彼女は、お母さんにも一緒に喜んでもらいたいと結果を報告すると、お母さんは、「今頃六五なんて取っても遅い、志望校が二ランクも下げられてからじゃ、いくら偏差値が上がっても仕方がないじゃないの」と答えたというのです。

紗代ちゃんは、AC（順応の「子」）状態にある母親からの「マイナス一〇〇〇のディスカウント」を受けて、ショックで家出してしまいました。二日後には見つかりましたが、容易にはこの傷はいえなかっただろうと思われます。せっかくの彼女のやる気の芽を、無残にも摘《つ》みとってしまったのですから。

夫婦ゲンカのとばっちりは、最悪のディスカウント

ここで、私自身の体験談もお話ししましょう。私は、娘に「マイナス二〇〇」と、「マ

イナス一〇〇〇」のディスカウントのダブルパンチを与えてしまったことがあるのです。娘（瀬玲奈《セレナ》）が五歳の頃のある日、妻のところへ自分が描いた絵を持ってきました。そこには、いつも娘が憧《あこが》れている髪の毛の長い女の子が描かれていました。その女の子の髪は足もとまで届きそうなくらいに長くしてあります。そこで私の妻は言ったのです。

「どうして、こんなに髪の毛を長く描くの？　こんなに髪の毛の長い女《ひと》なんているはずないじゃないの。もっと短くしてらっしゃい！」

瀬玲奈の表情が一瞬くもりました。ＣＰ（批判的「親」）からの「マイナス二〇〇のディスカウント」です。

ほめてもらおうと思い、嬉々《きき》として持ってきた絵をけなされた娘のショックはいかばかりか。そばで見ていた私のほうが、今度は批判的な気持ちになりました。

「なんでお前はいつもそうなんだ！　いつもまずはほめてやれと言ってるだろ。瀬玲奈の表情を見たか、寂しそうな顔をして。せっかく描く意欲が出て来たのに……。お前の責任だぞ!!」

今度は、私が妻に「マイナス二〇〇のディスカウント」を与えていました。瀬玲奈の絵にことよせて、妻の欠点を批判的に指摘し続けたのです。さてそこで、理論的に勝ち目のない妻は、だんだん無批判に相手の主張を聞き入れるＡＣ（順応の「子」）の状態になっていきました。そして、「こんなにいやな気分にさせられるのは、瀬玲奈が絵なんか持ってくるからだわ」と、妻がそう思い始めたころ、瀬玲奈が再び、描きなおした絵を持って妻のところへやってきました。

「それどころじゃないの！　ママは。お前のせいでパパに怒られてるんだからね。もう、お前はあっちへ行って遊んでらっしゃい!!」

これは、「マイナス一〇〇〇のディスカウント」です。お前は必要ない、今は私の眼の前から消えてもらいたい、いなくなってもらいたい、顔も見たくないという完全否定です。まるで、前もって仕組んだ、絵に描いたようなディスカウントのダブルパンチを娘に与える結果になってしまいました。

私は自分の非に気づき、それ以上妻を責める気になれませんでした。あとで気分が静まったところで分析して話すと、理解してもらえましたが、それにしても、五歳の娘に大の大人が二人がかりでディスカウントを与えてしまう愚をやってしまったのです……。

素直にほめる、本気で喜ぶことの大切さ

ここまでマイナスのディスカウントの話ばかりしてきましたが、豊かな愛情を示すNP（保護的「親」）からの反応の場合は、ストロークになります。

「お母さん、僕テスト九〇点だったよ」

「あら、それはよかったわねぇ。よくがんばったものね」

そう言いながら頭でもなでてやると、「プラス五〇のストローク」になります。私が主催している「母親教室」でお母さんたちに反応を聞くと、ほめるときはこのNPから発信されることが多いようです。

さて、今度は無邪気なFC（自由の「子」）の自我を持つ親の反応の場合です。

「僕、テストの点、九〇点だった」

「やったあー凄い。九〇点か、よかったなあ」

自分も子どもと同じ気持ちになって、一緒に喜べるのがこのFCです。子どもと一緒にフリー・チャイルドの心になって、「よかった、よかった」と素直に心を解放してわがことのように喜ぶ。これは、「プラス一〇〇のストローク」になります。

しかし、お気づきでしょうか。どんなにほめてもストロークの量が少ないことに。理性を失って、AC（順応の「子」）でたった一度だけでも憎しみを子どもにぶつけてしまう（マイナス一〇〇〇）と、冷静な判断力であるA（成人）なら一〇〇〇回、NP（保護的「親」）なら二〇回、FC（自由の「子」）なら一〇回、ほめてあげないと埋め合わせができないということです。

何でもほめてあげるというのではありませんが、ディスカウントが続くと、取り返しのつかないことになるのがよくおわかりいただけると思います。

わが子を活かす一言

- あら、それはよかったわねぇ。よくがんばったものね。
- やったあー凄い。九〇点か、よかったなあ。

③「なんだ！　お前のその頭は！　かっこつけて！」

マイナス
900
点

無関心の父、過干渉の母に育てられた少年の告白

これは私が以前にカウンセリングした直樹《なおき》君という中学生が、担任の先生から強烈なディスカウントを受けたときの言葉です。言葉だけを見ると、発した側はそれほど悪意はなかったのかもしれません。もし日頃のコミュニケーションがうまくいっている関係であれば、ちょっとした注意か愛情表現の裏返しだと受け取られることもできたでしょう。

ところが直樹君の場合は違いました。この言葉をきっかけに直樹君の心の中に憎しみと怒りが芽生え、「皆が俺をそんなにバカにするなら、そのとおりになってやろうじゃないか！　みんなが俺を不良と見るなら、そのとおりになってやろうじゃないか」と心に誓ったと言います。それから素行が悪くなるのに時間はかかりませんでした。

私が初めて直樹君と会ったとき、彼は髪を脱色して茶色に染め、ピシッとしたリーゼントにしていました。手の甲には、タバコのやけどの跡。仲間内で、「根性」を試すために

火のついたタバコを自分で手の甲に押しつける、いわゆる「根性焼き」の跡でした。

何を話しても、初めから人を疑ってかかっているのがありありとわかる目つき。あたりをうかがうような警戒心いっぱいの目を光らせ、虚勢を張って肩をいからせて歩くその姿は、誰が見てもまさに「ヤンキー」そのものでした。上目遣いににらむように、私の顔色をうかがう彼の目はこう言っていました。

「なんで、こんな奴と話をしなきゃいけねえんだよ！」

前もって覚悟していたとはいえ、大変なカウンセリングになりました。週一回の約束など、すっぽかされたり遅刻されたりで、まともに会えることなどめったにありませんでした。しかし、私は彼のカウンセリングを途中で断わりませんでした。その理由は一つだけ、彼の母親の熱意でした。母親は泣きながら私に訴えました。彼は現在、母親に暴力をふるうが、本当はやさしい子であること、そして彼女がいかに彼のことを真剣に思い、なんとしてでも立ち直らせたいと思っているかを……。

そんな直樹君が少しずつ私に心を開き、ボソボソと話し出したのは三〜四ヵ月あとのことでした。自分はこんな生活をしていてけっして楽しいわけではないこと。どうしてヤンキーのリーダー格のようになっていったのか、自分のこと、両親のこと、級友のこと、先生のことについて話し始めました。

彼の父親は、彼については無干渉で、たまに口を出すと独断的な意見を押しつけるだけ。彼の気持ちを聞こうとしたことなど一度もなかったと言います。直樹君にとって辛《つら》いディスカウントだったでしょう。まさに無視のディスカウントです。

反対に、母親は過保護、過干渉。ことあるごとに細かく口をはさみ、直樹君にとっては、そのことごとくがわずらわしく腹立たしいものでした。

「一度でいいからオヤジに殴ってもらいたい」

過保護、過干渉は、子どものやる気をディスカウントします。親にその気はなくても、子どもにとっては「お前のすることは見てられない、何をさせてもダメなんだから、かわりに私がしてあげる」というメッセージになるのです。両親からディスカウントを受け続けていた直樹君には、非行のための条件が完璧にそろっていたのでした。

そして、ある日、彼は何の気なしに髪の毛に父親のワックスをつけてみました。きっと潜在的に父に近づきたい、甘えたいという気持ちがあったのだろうと思いますが、本人はそこまでは気づかず、軽い気持ちで整髪料をつけて学校に行ったのだと言いました。そこで冒頭の先生の言葉のディスカウントの決定打があったのです。

「なんだお前のその頭は！　かっこつけて！　かっこだけではいつまでたっても勉強はできるようにならんぞ！」

彼の髪を見た先生は叫びました。彼は父から無視され、母から何一つ信用されず、そのうえ先生からも劣等生の烙印を押されたのでした。一生涯忘れることのできない言葉でした。

これがもし、家で父と母から認められ、信頼されて育っている子なら「へへへ、父さんのワックスつけてきちゃった……」とひょうきんに答えるか、「先生、それはないヨ。ファッションだって今の時代、大切なんだぜ」と、抗弁できたかもしれません。

しかし彼には、彼を認めてくれる誰もいませんでした。そのあと、彼がつき合い出した不良仲間だけが彼を認めてくれたのでした。半年以上かかって、私は彼とのカウンセリングに成功しました。彼と友だちになることに成功したのです。そうして母に暴力をふるわなくなり、絶対に行かないと言っていた高校を受験することになりました。

現在、彼は高校を卒業し社会人になっていますが、私はカウンセリングの最後の日に、彼が涙を浮かべて言った言葉が忘れられません。

「先生、俺なー、一度でいいからオヤジに殴ってもらいたい!!」

目に涙をいっぱい浮かべて、さびしそうな表情で、彼は「オヤジに殴ってもらいたい」と言ったのです。このとき、彼は素直でした。無関心で独断的な父を批判、攻撃しているのではなく、彼の心からの素直な呟《つぶや》きでした。愛情を持って自分のことを叱ってほしい。愛情を持って自分を殴ってほしい。直樹君にとってお父さんが「殴る」ということは、父親が自分に関心を持っているという何よりも嬉しいストロークだったのに。

私が長い時間をかけて彼の話を聞くことよりも、父がわが子と真剣に向き合い、わが子の成長を思って一回の愛情あるストロークを与えてやれば、問題はとっくの昔に片づいていたに違いないのです。ひょっとして、直樹君のお父さん自身が、ストロークを知らずに育ったのではなかったか、私はそんな気がしています。

わが子を活かす一言

- 何かあったんだね。
- 何かあったの? 相談にのるわよ。

④「お前なんか、いなければいいのに……」

マイナス1000点

母親の潜在意識が原因で、発育不全、情緒不安定に

母性的愛情欠乏症候群（マターナル・ディプリベーション・シンドローム）という言葉を聞いたことはありますか。母親になりたくなかった女性が否応《いやおう》なしに母親になってしまうと、潜在意識に子どもを憎む気持ちがあり、赤ん坊がそれを敏感にキャッチし、成長そして生きることを拒否し始める病気です。すると赤ん坊の発育不全、情緒不安定が起こるのです。母親が周囲の目を気にして赤ん坊に愛情のあるフリをしても、赤ん坊をだますことはできません。真の愛情がなくては、体重も増えず、背も伸びなくなってしまうのです。

そんな馬鹿なと思われるかもしれませんが、私が以前に見てショックを受けた記録映画の話をしましょう。当時、私は妻との夫婦仲が悪く、離婚すら考えていたのでしたが、このロッシュ研究所制作の『セカンド・チャンス』という記録映画を見て、心を入れ替えたのでした。

産みたくない子を仕方なく産んだ母親の行動

主人公のスーザンは、一歳一〇ヵ月になる極端に発育不全の女の子でした。体重は、五ヵ月児ていどの六・七五キロ。身長は、一〇ヵ月児ていどの約七〇センチ。

普通ならトコトコ歩き、多少は話もできる時期なのですが、スーザンは幼児言葉や歩くことはおろか、ハイハイすらできなかったのです。そのうえ、入院先の看護師や医者が彼女を抱こうとすると泣き叫んで拒絶する、ひどい情緒不安定児でした。

原因がわからないままに三週間が過ぎましたが、病院側は、一つの奇妙な事実に気づきました。スーザンの両親が一度も見舞いに来ないのです。これは、きっと両親に問題があるのではないかと、さっそく病院づきのソーシャル・ワーカーが両親の聞き取りに出向きました。

父親二五歳、母親二四歳の若い夫婦ではありましたが、教養もあるし生活レベルも中流で、とりたてて原因は見つかりません。しかしインタビューが進むうちに、重要なことが明らかにされてきました。スーザンの母親は堕胎《だたい》を禁ずる宗教（カトリックだったと記憶します）を信じていて、スーザンは望まれずに生まれてきた子でした。母親はスーザンを宿したとき、出産を望んでいなかったのですが、宗教上の理由から仕方なく産んだにすぎなかったのです。

母親はソーシャル・ワーカーの問いにこう答えました。

「世の中の親たちが、子どもはかわいいと言っているのが私にはよくわかりません。もう私はスーザンに対して何もしたくありません」

母親がスーザンをどのように扱ってきたかは、想像にかたくありません。スーザンはしだいに、まわりにいる人間は自分を傷つける以外の何ものでもないと感じるようになりました。そのため、母親が機嫌のいいときに気まぐれにスーザンを抱こうとしても、スーザンはまた自分を傷つけに来たと思って、泣き叫んで拒絶するようになったのです。スーザンは力いっぱい、自分も拒絶のディスカウントで抵抗したのでしょう。

画面の中のスーザンは、泣いても涙を流しません。鼻水を垂《た》らして泣くのですが、涙が一滴たりとも出ないのです。涙を流さずに泣くスーザンを見た母親は、これはわざと自分を困らせようとする嘘泣きだときめつけ、イライラしヒステリックになって悪循環が続きました。

ストロークを与えると通常の四倍も成長した

治療は、とにかくストローク（心の食べ物）を与えることから始まりました。原因は愛情不足なのですから、投薬の代わりにプラスのストロークを与えるのです。

母親銀行（ボランティアで母親代わりをしてくれる人々が登録されている）から、長年この仕事に携《たずさ》わっているというシーラ夫人がやって来ました。一日六時間、週五日間、スーザンにつきっきりで母性的な愛情を注《そそ》ぎ続けたのです。

最初、スーザンを抱こうとすると拒絶するのですが、それでもかまわず抱き、頬ずりをしてやり、撫《な》でたり話しかけたり、ほほえみかけたりを繰り返します。自分を傷つけるはずの人間が、自分にやさしくほほえみかけ、温かく抱いてくれる。あれ、いつもと少し違うなと、スーザンのふるまいや表情、特に目の色が徐々に変わってきました。

二週間後、治療に当たった女医さんが手を出すと、最初は拒絶するのですが、ちょっと考えながらついにはそのふところに抱かれたのでした。スーザンが人は自分を傷つけるものではないと感じてきた証拠でした。

三週間半後、スーザンはハイハイを覚えました。二ヵ月後には幼児言葉を話すようになり、食事も積極的に自分の手でとるようになりました。体重は二・七キロ増え、身長は五センチ伸びていました。この伸び率は、アメリカの平均嬰児《えいじ》の約四倍の速さでした。

愛情が、これまで抑えられていた体重を増やし、背を伸ばしたのです。三ヵ月後にはなんと、スーザンはシーラ夫人の手につかまって病院の廊下をヨチヨチ歩き出しました。それを見ていた見知らぬおじさんが手を出すと、スーザンは自分から寄って行って抱かれようとすらしたのでした。映画のラストは、再び自分の足で一歩一歩、歩き始めたスーザンの後ろ姿を映して終わったのですが、ナレーションはこう語っていました。

——スーザンは、不確かな未来に向かって歩み始めた。果たして愛の力は証明されるのだろうか？

たしかに、スーザンの治療は大きな成果を上げました。しかしこの結果は、スーザンを不確かな未来へと導くのです。つまり治療を終えたスーザンは、また両親のもとへ戻されていってしまうのです。

この映画を見た私のショックは、まことに激しいものでした。娘の瀬玲奈《セレナ》がちょうど一歳半、離婚すら考えていたそのときだけに、「もしこのまま離婚したら、娘はどうなってしまうのだろう」と。もの悲しげなスーザンの顔と、私と妻が言い争いをしているときに、そばで小さくうずくまっていた娘の顔がダブってしまい、涙が止まりませんでした。

これは、きわめて極端な例です。しかし、わが子の存在を祝福する気持ちの持てない親の子は、大なり小なりスーザンの心を持っているものです。くれぐれも、こういった気持ちにさせるような言動のないよう、親たるもの心しなければなりません。

わが子を活かす一言

- あなたが生まれてきてくれて幸せよ。
- 生まれてきてくれてありがとう。

⑤「何やってるの、早くしなさい」

マイナス300点

あなたは毎朝、こんな言葉を口にしていませんか

「早くしなさい」「さっさとしなさい」という言葉は、お母さんたちの呪文《じゅもん》のようになっています。お母さんたちは、早くさせるのが好きみたいです。自分の家事の手順が狂うからでしょうか。司令塔のように、よくもまぁあれだけ指令が出せるもんだと思うくらい、機関銃のように子どもに言っています。たとえば朝——


「六時半よ、早く起きなさい！」

「まだ寝てるの、遅刻するわよ！」

「歯はみがいたの！」

「先に洋服を着替えなさいと言ったでしょ」

「早く食べちゃいなさい」

「時間割そろえたの！」

「ハンカチ、チリ紙は？」

くる日もくる日も、こんな指令を出され続けて学校に通う子の気持ちは、どんなものでしょうか。そばで聞いているだけで疲れるのですから、さぞや言われる子どもも、言う母親も疲れることでしょう。子どもは、口うるさい言葉から逃《のが》れるようにして学校へ行きます。

私は思うのです。お母さんは、本当に子どもに一人で起き一人で時間割をそろえ、歯をみがき、食事をして出かけることを望んでいるのだろうかと。もし本当に望んでいるなら、なぜ根本的な解決をしようとしないのだろうと。

しかし、かわいそうなのは子どもです。子どもはこれから先の未来に一人で生きていかねばならないのです。お母さんは、子どもがやるべきことを全部先取りしてしまっています。いわば、子どもが一人でやる権利、失敗する権利を奪っているようなものです。で、子どもはこう考えるようになります。

「何でも親が言ってくれるから、ちょっと待ってればいい。そして言われたとおりにすればいいんだ」

子どもは敏感です。母親が無意識に望んでいることを知り、それを叶《かな》えてあげようとするのです。

子どもの自発性に任《まか》せてみる勇気を

ここに一人、本当に心の底から、子どもに自分自身の力で生きていくことを望んだ母親がいました。夜、子どもが寝る前に話をしました。自分もきちんとすわり、子どももすわらせて、相対してじっと目を合わせてこう言いました。

「あのね、もうお母さんはあなたに毎朝毎朝ガミガミ言うのは嫌になったの。きっとあなたも嫌だと思います。ほんとはガミガミ言う必要なんてなかったのよ。あなたは、自分で朝どうしたらいいのかを知っているし、やるべきことをやる能力があるんですから。

だから明日からは、朝六時半に一度声をかけますが、あとはすべて任せます。その時間に起きるか起きないかは自分で決めなさい。ただし学校へ行く前に、社会のマナーとして、歯をみがくこと、家庭のルールを守るため、七時半までには食事をとること、これだけはやってちょうだい」

この約束のあと、二日は自分一人で準備しギリギリで学校に間に合っていたのですが、三日目になると油断が出たのでしょうか。寝過ごしてしまいました。お母さんは遅刻するのがわかっていましたが黙っていました。そしてまったく叱らずに、歯をみがくことと食事だけはさせて家を出したそうです。そのあとお母さんはすぐ学校へ電話をして、子どもが遅刻した理由を先生に説明して協力を仰ぎました。

この子にとって、「自分の責任において遅刻してしまって恥ずかしかった、困った」という体験は、実に多くのことを学ぶきっかけになったことでしょう。

たとえ子どもであっても、自分で困れば何とか直そうと自分で努力するものです。その癖は、できるだけ小さいときにつけておいたほうがいい。大きくなってからの軌道修正は、だんだんむずかしくなってくるのですから。

じっと待ったお母さんは偉かったと思います。辛かったろうと思います。しかし子どもの長い将来のことを思えば、この一時の我慢は、はかりしれないものになったはずです。

わが子を活かす一言

- あなたは自分でどうしたらいいか知っているから、任せるね。
- あなたは、どうしたらいいか知っていて、やるべきことをやる能力があるから。

2 満点主義は、無気力な子をつくる

——失敗しない方法＝何もやらないことを習得する子ども

「もっと」を連発すると逆効果

成績にしろ、生活態度にしろ、子どもが現状よりも少しでもよくなることを望むのは、親として当然のことです。だから、つい「もっと」と言ってしまいます。

ことにCP（批判的「親」）の強い、口やかましい父親などは、子どもが相当な成果をあげてきても、けっしてそれで満足することがありません。それをほめるどころか、むしろ「やればできるのに、なぜこれまでやらなかった」と過去に遡《さかのぼ》って叱《しか》ってしまうようなことさえあります。

子どもは、どんなに成果をあげても、それがマイナスの形で親からはね返ってくることを察知すると、以後、努力は何もしたくなくなってしまうものです。

⑥「ちゃんとやりなさい」「しっかりしなさい」

マイナス200点

やる気を出させようとしている言葉が、なぜ逆効果なのか

この二つの言葉を、今まで子どもに言ったことがないお母さんがいるとしたら、お目にかかりたいくらい、この二つはたいていのお母さんの口癖になっています。

本人は、子どもにやる気を出させようと激励しているつもりらしいのですが、実際には子どものやる気をどんどん喪失させていることに気づいていません。

というより、子どもを信用していない、あるいは信用する気がないからこんな言葉が出るのです。心の中では「ほんとにお前は私が命令しないと、自分から何ひとつやろうとしないのね。いつだってそうなのよ、お前は。だから私はいつだって、忙しいのに一つひとつ言ってあげてるんじゃないの。早く言うとおりにしなさい。もう少しやる気を出してくれたらねぇ」とブツブツ呟《つぶや》いているに違いありません。

やる気をスポイルしておいて、やる気を出せと言う。私の命令を聞きなさいと言ってお

いて、命令しなくてもやりなさいと言う。ずいぶん矛盾《むじゅん》した物言いです。子どもはどうすればいいかわかりません。

私が主催している「母親教室」に出席した小学五年生の健次《けんじ》君のお母さんも、満点主義の人でした。

「ちゃんとしなさい、しっかりやりなさい。いいかげんなことをしてはいけません。人に迷惑をかけるようなことは、絶対にしてはいけません！」

自分がつくった基準に健次君が達しない場合は、まず健次君を否定するところから始まります。漢字の書き取りがたとえ合っていても、少し字のバランスがくずれていると叱《しか》ります。算数の応用問題で式も答えも合っていてさえ、字が汚ないという注文をつけます。

お母さんがつくった基準の完全な文字、完璧な解答でないとOKが出ません。もちろん、しっかりした文字、模範的な解答ができるようになるにこしたことはありません。しかし、ここに大きな落とし穴があるのです。その落とし穴に気づいてもらうために、一人のお母さんにかがんでもらって子どもの背丈になってもらいます。子ども役のお母さんに私を見上げてもらい、私は見下ろしながらこんなことを言います。

「ちゃんとやりなさい、しっかりしなさい！」

そして、どんな気持ちがしましたかと、子ども役をしたお母さんに尋ねると、必ず返ってくるのが、「こわかった。圧迫されているようだった」という感想です。「ちゃんとしなさい」という言葉の意味より先に、子どもは「こわい」という感情を持ってしまうのです。

言葉には現われないけれど、圧力を伴《ともな》って親から伝わってくるこのメッセージを、交流分析では「禁止命令」と呼んでいます。つまり、「ちゃんとしなさい！」は、子どもには「……してはいけません！」という禁止命令のメッセージとして伝わっているということです。

「ちゃんとしなさい、完全にやりなさい」ということは、「失敗してはいけません！」ということなのです。常に親が子どもに完全を求めていると、やがて子どもは、絶対に失敗しない一番いい方法を見つけます。つまり、「やらない」ことです。何かやるから怒られるのであって、初めから何もやらなければ叱られずにすむのですから。そして、しだいに心を閉ざしてしまいます。

健次君のお母さんは、いみじくも私にこぼしました。

「私が『ちゃんと書きなさい』と、あれほど真剣に言ってるのに、この子はダラダラやって、もう、先生、いったいどうしたらちゃんとやるようになるんでしょうか？」

健次君のお母さんが真剣になればなるほど、彼は失敗しない方法、つまりやらないという巧妙な方法を身につけたのでした。お母さんがよかれと思って言っていたことが、子どもをダメにしていたのです。いえ、もっと深く突っ込んで考えてみるならば、お母さんの潜在意識は、健次君にやる気を持ってほしくなかったのではないでしょうか。

口では、「やる気のある子になってほしい」と言いながら、実は健次君にやる気が出て、一人立ちして離れていくようになることを、深層心理の中で怖れているのかもしれません。子離れのできない母親にとって、いつまでたっても自分を頼りにしてくれる、やる気のない子どもこそが必要なのかもしれません。お母さん自身が、自分の心の中を本当にのぞいてみることが一番必要なのです。

わが子を活かす一言

- あなたらしくやればいいと思うよ！
- どのようにしようと思っているの？

⑦「そんなことで満足してはいけない」

マイナス100点

大人の基準で子どもの行動を判断すると失敗する

認めてほめてあげることは、ほめてもらうのと同じくらい楽しいものです。私は娘に「瀬玲奈《セレナ》」という名前をつけました。そして私は彼女が物心ついた頃から、名前の由来を話して聞かせたものでした。

「お前の名前のセレナというのは、月の女神様のことなんだよ。暗い夜道に迷った人がいれば、明るく照らしてあげるんだ。すると、その人は道に迷うことなく無事に家に帰れるんだよ。パパは、お前が人が困っているときに助けてあげられるような、やさしい女の子になってもらいたくて、セレナという名前をつけたんだよ」

娘は、そんな願いを込めた私の話をいつも瞳《ひとみ》を輝かせて聞いていたものでした。

そのセレナが四歳の初め頃、文字に興味を持ち始めました。ひらがなをほとんど読んでしまう娘を見て、安心したり喜んだり、親バカと思いながらも成長の嬉しさを隠しきれませんでした。そうするうち、今度は自分でも文字を書いてみたい様子を見せたので、鉛筆を持って絵を描いていたときに、「すずき」の「す」の字を私が書いてあげると、見よう見まねでたどたどしくも一生懸命「す」を初めて紙に記《しる》したのです。私は思わず叫んでいました。

「うまい‼　よくやった！」

私は最大級の讃辞を娘に贈りました。実際にそう思ったのでした。ニコッと、娘の表情が一瞬輝き、次の瞬間にはより一層真剣な顔で、「す」の字を書き続けたのでした。私は一つ「す」の字ができあがるたびに、讃辞を惜しみませんでした。努力を讃え続けたのです。

次の「ず」は簡単でした。「す」に点をつければいいのですから。すぐ次に娘は、「き」の書き方を教えろと言い始めました。私の書き方の説明を聞く娘の表情は、真剣そのものでした。一種の怖ささえ感じるほどの真剣さです。私が説明し終わらないうちに書き始め、その場で「き」が書けたのは言うまでもありません。

あれだけの真剣な表情で、集中力を持って人の説明に耳を傾ければ、できないはずがないのです。わずか一〇分ほどの間に娘は「すずき」と書けるようになりました。誰よりも喜んだのは本人です。嬉々《きき》とした得意げな表情、「できた」という喜び、「やった」という満足感は、大人も子どももまったく同じようです。

私はここに、「やる気」と「意欲」の根元を見た思いでした。子どもにとってこういう瞬間こそが、成長と行動意欲、エネルギーの源《みなもと》になるのです。こんなとき、親にとって何よりも大切なのは「何かをやった」という事実を認めて子どもと一緒に喜んであげることです。

ところが、往々にして親は、子どもがやることを自分の基準で判断し、それに合わせようとすることがあります。子どもを認める前に、操作しようとするのです。特に、完全主義の親、子どもに〝Be perfect（完全であれ）〟を望む親が、子どもに与えがちな禁止命令をあげておきましょう。

弱みを見せるな！

完全主義の人は、不完全な自分を人に知られるのがとても苦痛なのです。ありのままの自分を人に見せるなんてとんでもない。ですから、完全にできる自信のあることしかしません。子どもにもそう教えますので、子どもはたいへん防御癖《ぼうぎょ》の強い消極的な子に育っていきます。

満足するな!

完全主義の人は、どれだけ成果が上がろうと、いつも不満足です。

私の主催する教室に通う中学二年生の恵《めぐみ》さんは、英語のテストはいつも四〇～五〇点しか取れませんでした。その彼女が八〇点取ったとき、父親は言ったそうです。

「お前、八〇点取れるんだったら一〇〇点だって取れるはずだ。今度、一〇〇点取ってきたら、お父さんはお前の好きな物を買ってやる」

気分をよくした恵さんは頑張《がんば》って、次のテストでみごとに一〇〇点を取りました。そのとき、この完全主義の父親は何と言ったでしょう。

「一回一〇〇点取れるということは、何回でも取れるはずだ。お前が今までいかにサボッてきたかということなんだ。三回続けて一〇〇点を取ってくるまで、お前の好きな物を買ってやるのはおあずけだ」

この父親は、はげましたつもりでしょうが、結果は娘の意欲を完全に削《そ》ぎ取ってしまいました。

「もう、頭にきて、ムカついて……」

女の子らしからぬ言葉で、自分の不満を表現した彼女の気持ちが、私には痛いほどよくわかりました。お父さんも子どもと一緒になってFC（自由の「子」）の心で、おおらかに喜んであげたなら、子どもの意欲に大きな影響を与えたことと思います。

わが子を活かす一言

- うまい！　よくやったね。
- いいわ！　すっごくいい。

⑧「男の子でしょ、泣くんじゃないの」

マイナス100点

強い子を育てようと厳しくしすぎると無感動な子になる

花を見て美しいと思い、梅雨《つゆ》明けの青い空を見上げてうれしくなり、赤ん坊のかわいい笑顔を見てほほえみかけたくなる、こんな自然な感情を大切にしたいものです。

やる気のある子どもというのは、実に生き生きしていて、その源《みなもと》には、美しいものを美しいと感じ、強いものには憧《あこが》れ、弱い者には手を貸してあげようとする自然で健全な気持ちの流れがあるようです。まさに、FC（自由の「子」）、フリー・チャイルドの心が、やる気のエネルギーの源泉だと言えましょう。

そのFCを、CP（批判的「親」）の強い親は、常に批判がましく抑えつけます。私が主催している「やる気セミナー」に通っていた中学三年生の晴雄《はるお》君は、喜怒哀楽をまったく外に出さない子でした。

「やる気セミナー」では、子どもたちの精神を根底からゆさぶり、彼らが本来持っている能力とエネルギーに直面させるトレーニングを定期的に実践していて、彼らはトレーニングが終わると、一様に自分たちの中に眠っていた大きな可能性に気づき、互いにその感激を共有し合います。

そんな繰り返しの中で、ただ一人、晴雄君だけは他の生徒に交《まじ》わることなくシラケていました。他の子どもたちが手を取り合ってお互いの健闘をたたえあっている中で、一人ポツンとしている姿は、何か奇異な感じさえしました。喜びも悲しみも、彼にはまったく無縁のように見えたのです。子どもでありながら、自由な心のFCの解放を知らない彼の性格は、やはり彼の両親によってつくられていました。

ひじょうに厳しい軍人であったおじいさんから教育を受けた晴雄君の父親も、やはり長男として生まれた彼に、ひじょうに厳しい教育をしました。外でケンカをして泣いて帰ってくれば、逆に父親に殴られ、「もう一度行って相手を殴って来い」と家を追い出されたと言います。メソメソすれば、「男は泣くもんではない」とまた殴られる。

うれしいことがあってハシャいでいると、「そんなバカみたいに喜ぶな」と釘《くぎ》を刺され、何かにおびえていると「何をこわがっている！　バカ者！」と叱責される。幼い頃から、彼は父親から禁止命令のメッセージを受け続けて育ってきたのです。泣くな、喜ぶな、怒るな、悲しむなと、すべての感情表現を禁じられた結果、彼が自分に下したメッセージは「感じるな！」。そうしてひじょうに感激性のうすい子になったのでした。父親も母親も、強い子に育てようという教育方針だったのでしょうが、結果は無感動、無気力な子が育ってしまいました。

子どもの感情は、押し込めずに自然に流す

私が以前住んでいた家の隣りの母親も、とても厳しい人でした。ある日の夕方、私が仕事から帰ってくると五歳の息子、幸一《こういち》君が、すりむいて血がにじむヒザを押さえながら、家の前で大声をあげて泣いていました。中から出てきた母親は、こう叫びました。

「コーチャン、何泣いてるの！　男の子でしょ、泣くんじゃないの、泣くんじゃないの！」

コーチャンは、痛い痛いと言いながらも、必死になって涙をこらえ始めました。このときコーチャンは、「男の子でしょ、泣くんじゃないの」という言葉の裏にある禁止命令のメッセージを感じ取り、子ども心にこう決意したでしょう。

「痛くても、それを表現してはいけないんだ。悲しくても泣いてはいけないんだ」

そして、必死になって涙をこらえ始めたのです。しかしそれでも、痛いものは痛いので

しょう。涙こそ流さないものの、痛い痛いと言い続けていました。そのうち母親は、こんなことを言い始めました。

「痛くない、痛くないのよ、これぐらい」

そりゃ、母親は痛くないでしょう。自分がケガをしているわけではないのですから。しかし、コーチャンは現実にヒザをすりむき、痛みを感じているのです。それを母親から「痛くない」と言われ、彼はここでまた、言葉の裏にあるメッセージを感じ取りました。

「そうか、これは、痛くないことなんだ。自分が感じるように感じてはいけないんだ」

厳しい親は、躾《しつけ》をするという名のもとに、「感じたことを表現するな！　自分が感じるように感じるな！」という禁止命令のメッセージを送り続けているのです。

私の生徒、晴雄君も、そんな禁止命令を受け続けて育った生徒でした。感じる心、感激する心を奪われた子どもに、やる気を出せというのは無理な話です。勉強以外のことに感動することをすべてシャットアウトし、勉強だけにやる気を起こさせようという教育は、まちがっています。楽しいはずの勉強が義務となり、つまらない辛い作業になってしまうのです。当然のこと、音楽や絵画が嫌いになり、情操の芽はいっこうに育ってくれません。

大人は子どもと違って社会のいろいろな枠組みの中で生きていて、泣きたいときに泣けず、笑いたいときに笑えず、怒りたいときに怒れない生活を送っています。そういうふうに、自分の感情を素直に表現することを自分に禁じ、感じる心自体を鈍化させています。大人が泣くときは、無意識のうちに自分に「泣くな！」という禁止命令がかかり、涙をこらえながら泣くので、泣いたあと目が充血します。

こんな禁止命令のかからない子どもは、泣きたいときは大声で思う存分泣きじゃくります。ですから、彼らの泣いたあと、目は充血しません。そして、「今泣いたカラスがもう笑ってる」ように、ケロッと忘れて次の遊びに熱中していくのです。

これは、ちょうど上り下りの激しいジェットコースターに似ています。下り坂にさしかかると大人は必死になって体を後ろへのけ反らせ、ブレーキをかけるように坂を下ります（涙をこらえている）。その結果、一番低いところまで来るとそのままストップしてしまいます。ところが子どもは、下り坂にさしかかっても前のめりでどんどん行きます（ワァーッと思う存分泣く）。そのまま一番底までいったかと思うと、次の瞬間にはもう体勢を立て直して、頂上めざして上がって行ってしまうのです。

ですから、いつもエネルギッシュで、いつも何かに集中しています。感激性のある子は、復元力があります。そして一度、立ち直ることを体で覚えて自信をつけた子は、次回からはさらに大きな困難に果敢《かかん》に挑戦していくことができる。こうして、やる気が二倍、三倍とふくらんでいくのです。ゲシュタルト・セラピーという、ひじょうに効果的な心理療法を開発したフリッツ・パールズは、こういう有名な言葉を残しています。

“Don't push the river, it flows by itself”

「河の流れをせき止めるな。それは自然に流れていくものなのだから」

つまり、「感情を押し込めるな！　それは自然にまかせて流してあげなさい」ということです。わが子が迷い子になり、恐怖と不安のあまり泣いているのを見つけたら、「泣かないのよ」と言う前に、自分の腕の中に抱きかかえて思いっきり泣かせてあげましょう。

そして、泣いて泣いて泣ききったとき、子どもはすべてに満たされ、すべてに〝ＯＫ〟の感情を抱くようになっているのです。

わが子を活かす一言

- 痛いよね。思いっきり泣いていいんだよ。
- 泣きたい気持ちなんだね。

⑨「ちゃんと計算しなさいって言ったでしょ！」

マイナス200点

ストロークは無条件で、ディスカウントは条件つきで

計算ミスをして算数で悪い点数を取ってきた子どもに、たいていのお母さんはこう言います。お母さんは悔《くや》しくて仕方がありません。単純なちょっと気をつければ防げた計算ミスのために、またまた算数の点が悪くなってしまったのです。いつも口を酸《す》っぱくして注意しているにもかかわらず……と無念の気持ちです。

こんなとき、経験豊富なお母さんなら、サンドイッチ・ストローク方式の言葉をかけます。注意したい事実を伝えるために、お母さんはまずぐっと我慢して、今から言うことが子どもにすっと入りやすい心理状態をつくってあげます。いわば、大切な杭《くい》がしっかり正確に打てるように、前もって地ならしをするようなものです。お母さんの言うことなら聞こうという体勢を子どもにつくらせておかないと、あとの言葉がムダになるからです。

子どもにとって、注意されるのはマイナスのディスカウントなのですから、そのディス

カウントの前後を、サンドイッチのようにプラスのストロークではさんでしまうのです。

まず第一のストローク。

「算数の点数がいつも悪いのは計算ミスのせいだって、あなたはちゃんと気づいていて、それを直そうとして、一生懸命、計算問題の練習をしているのを見てて、お母さん感心してたのよ」

ここで子どもは、お母さんが自分のことに関心を持ってくれていて、いつも見ててくれ、よくわかってくれてるんだと嬉《うれ》しくなり、お母さんの言葉に耳を傾けるでしょう。で、今度は条件つきのディスカウント。

「一つだけアドバイスさせてもらうけど、これは不注意のミスのようね。ついうっかりしてたんじゃないかしら。計算は、別の計算用紙に手順を追っててていねいにやれば、まちがいはなくなると思うわよ」

ちょっとしょげたような子どもの表情。そして、第二のストローク。

「あなたならきっとできる。いつだってやってきたのをお母さん知ってるもの。がんばってやってごらんなさい」

子どもの能力を本当に信頼して、このように伝えれば「うるさいなー」と逃げる子どもはいないはずなのです。この時に重要なポイントは、「ストロークは無条件で、ディスカウントは条件つきで」ということです。

たとえば、「あなたはいつもテストでいい点を取ってくるから偉いわ」と条件つきストロークを出すと、いい点を取ってこないと愛してもらえないのだと思ってしまいます。「お部屋のおそうじをちゃんとするから、好きよ」と言えば、おそうじしなければ愛してもらえないのだと思ってしまいます。

また、ディスカウントを与える場合は、逆に「お前はほんとにダメねー」と無条件に否定してしまうと、全人格を否定されたようで、子どもはショックから立ち直れなくなります。ダメなのは、不注意であったり、忘れ物をしたりという一点についてだけなのであって、他の部分のあなたは好きなのだからということを示してあげねばなりません。

わが子を活かす一言

・いつもがんばっているのを知ってるよ。だから落ち着いてやれば大丈夫。

3

親の権威で脅《おど》していないか

——無意識のうちに子どもの弱みにつけこむ卑劣な言葉

捨てゼリフで親が勝っても、何の実りもない

小学校の高学年にもなると、子どもは口答えをするようになります。そんなとき親は、なぜ子どもが反発しているのかを冷静に考えてから対応すべきなのですが、ついつい同じ土俵に上がってケンカを始め、最後には子どもが返答のしようのない捨てゼリフを投げつけてしまいます。

一見、この最後の言葉で親が勝ったように見えますが、子どもは内心で親をバカにすることで親に勝ちます。そして親も子も両方が不愉快になって傷ついてしまいます。結局、その出来事において勝者はおらず、双方が敗者になってしまうのです。何の実りもない口論をなぜ避けられないのでしょうか。

⑩「勉強しなさい！」

マイナス10点

なぜ、最も効果のない言葉を発しているのか

私は、中学三年生一〇〇名を前にして尋ねたことがあります。

「勉強しなさいと言われて、やる気を失《な》くす人は？」

そうすると、約八〇名の生徒の手が上がりました。

また、母親一〇〇名を前にして尋ねたことがあります。

「子どもに、思わず『勉強しなさい！』と言ってしまうお母さんは？」

これも、約八割のお母さん方の手が上がりました。お母さんは言ったあと後悔しながら、ついまた習慣になって言ってしまう。子どもは言われるたびに嫌な気分になっています。お母さんはきっと「勉強しなさい！」と言ったことによって、自分の任務を終えたような気になっているのでしょう。

本当に心底から勉強させたいと思ったなら、こんな言葉は効果がないのだということを

何度もの体験でわかっているはずなのに。言ったあと、お母さんも子どもも、ともに嫌な気分になっているのです。言われてそのとおりに机に向かったとしても、勉強はすすまないでしょう。勉強が効果があるのは、本人がやる気を持って臨《のぞ》んだときだけです。

「勉強しなさい！」と子どもに声をかけると、たいていの子どもは黙ってしまいます。しかしこれは納得して黙っているわけではなくて、グーの音も出させない親の威圧的な言葉に屈しているだけなのです。しかし、中学生くらいになると露骨に反発します。

「わかってるよ、うるさいなー」「今、やろうと思ってたとこだよ」

「いつもそんなことばっかり言って、何もしないじゃない。いったい誰のためにやってるのよ。お母さんは別にいいのよ。困るのはお前自身なのよ、だから言ってるんじゃないの」

こんなことの繰り返しが毎日であれば、子どもはだんだん無口になっていくでしょう。

子どもに勝ちたいのか、勉強してもらいたいのか

子どもは、勉強が必要なことは、誰に言われなくともわかっています。「誰のためにやってるのよ」と言われても、「お母さんのためだ」と答えられないこともわかっています。

そうして子どもが黙ってしまうと、「なぜ黙ってるの！　何か言いなさいよ」とたたみかけ、何がなんでも子どもを屈服させようと意地になっていきます。理屈の上では、母親の「勝ち」です。しかし、机に向かって教科書を開いていても「勉強しないこと」で子どもも親に勝ちます。

私は、根本的な問いかけを一つ、お母さん方にしたいと思います。お母さんはほんとうに子どもに勉強してもらいたいと思っているのか、それとも子どもに勝ちたいと思っているのかということです。ときとして子どもに勝ちたいがために、勉強を強《し》いることを材料にしていると思われるお母さんがいるようです。

私が、「やる気セミナー」で子どもに接するとき「自分の決めたことをやりなさい」と伝えます。勉強は、その「自分で決めたこと」の一部なのです。そう、あくまでも一部にすぎません。

子どもが自分で決めたことはいっぱいあるでしょう。朝、時間どおりに起きること、食事の後片づけを手伝うこと、野球の練習をすること、早朝マラソンをすること、弟や妹をかわいがることなど、それが何であれ、「やる」と自分で決めたことを「やり通す」ことが何よりも大切です。この習慣がついていない子どもは、もちろん勉強もやり通すことができません。そして「やる」ことを決めるのはお母さんではなく、子ども本人なのです。親ができるのは、子どもが何かをやる決心をしたとき、手助けをしてあげつつ本人が実行していく援助を惜しまないということなのです。

わが子を活かす一言

- 何時から勉強する予定なの？
- 勉強に集中できるよう、お母さんにできることがあったら言ってね。サポートするからね。

⑪「なんで、黙ってるの！」

マイナス
700
点

子どもが黙り込んだら、どんな言葉を使うべきか

子どもが黙りこくったとき、親は反抗してるとか、自分に都合の悪いことは聞かないふりをしてると思って、つい「なんで、黙ってるの！」と詰問《きつもん》してしまいがちです。

私と娘の瀬玲奈《セレナ》で遊園地へ行った帰りのことでした。すでに午後九時を過ぎていましたが、電車の中では、どんなに遊園地が楽しかったかをどんなふうにママに話すかに、花が咲いていていました。彼女はきっとママの喜ぶ顔を思い浮かべて、幸せいっぱいであったに違いありません。電車を降りて、駅から自宅までは十五分ほど歩かなくてはなりません。さすがに瀬玲奈も疲れたらしく、一緒に歩いている間じゅう無口になっていました。心配になった私は、自宅近くになったときに言いました。「もう遅いから、帰ったらすぐ寝るんだよ」

このとき、普通だったら「うん！」と素直に答えるはずの瀬玲奈が返事をしません。私

は重ねて言いました。「瀬玲奈！　聞こえたの？　帰ったらすぐ寝るんだよ」

たしかに聞こえているはずなのに、あいかわらず黙ったままです。私は「自分に都合の悪いことなのでトボケてるのかな？」と勝手に考えて、少し腹が立ってきました。よほど、「返事をしなさい！」とどなりつけようと思いましたが、思いとどまり、瀬玲奈の目を見て言いました。「何を考えているの？」

すると口惜《くや》しそうに、私をにらみつけて瀬玲奈は答えました。「だって、さっき、帰ったらママに今日のことをお話しするって言ったじゃない!!」

これは私が不注意でした。「帰ったらママに話そう」という約束を忘れて「すぐ寝なさい」と言ってしまったのです。彼女は、すぐと言われて、ママに話す間もなく寝なくちゃいけないことが、とても悲しかったのです。そして、約束を破ったパパが信じられなかったのです。

「そうか、そう約束したんだったね。パパ忘れてたよ、ゴメンね。でも、もう遅いから少しだけママに話をしたら寝ような！」

「うん、五分ぐらい！」

「そうだな、五分話をしたら寝よう」

玄関をくぐるやいなや、瀬玲奈は息せき切って、今日の楽しかったことをママに話し（それは五分を少しオーバーしましたが）、ベッドに自分で行ったことは言うまでもありません。

子どもが話の途中で突然黙りこくってしまった場合、きっと子どもの心に何かが起こっています。そしてこの「何か」は、子どもにとってスッキリしない「何か」です。

こんなとき、CP（批判的「親」）の高い親は頭ごなしに、「なんで黙ってるの、都合悪くなるとすぐ黙ってしまうんだから。何か言いなさいよ」と言ってしまいます。しかし、それではこの「何か」は解決されません。なぜなら、この言葉は親の理屈を通そうとする言葉であって、気持ちを受け取る言葉ではないからなのです。

「今、何を考えているの？」というような子どもの気持ちを受け取る一言をかけてあげましょう。親と子が、今感じていることを正直に話し合えるきっかけをつくる言葉が大切なのです。

わが子を活かす一言

- 今、どんなことを感じているの？
- ムッとしたみたいね。どうしたのか話してくれる？

⑫「よけいなことはしないでいいの!」

マイナス400点

大人の尺度で価値判断する前に、事実だけを見る

こういう抽象的な言葉を子どもにかけたことありませんか? よけいなこととは何なのでしょう? それは、お母さんにとって都合の悪いことが「よけいなこと」のようです。

中学三年生の直子《なおこ》さんは、部屋の掃除や食器洗いが好きらしく、夕食後、必ず後片づけを手伝っています。ところが定期テストが近づいてくると、お母さんのほうが心配になってイライラしてしまいます。

「よけいなことしないで、早く勉強していらっしゃい」

直子さんの側から言わせれば、「よけいなことはしないでいいの」というセリフのほうが、よけいなことでしょう。子どものことを理解するのに最も必要なことは、まず子どもの話に耳を傾けることです。

「耳を傾ける」とは、とにかくまず自分の判断を入れないで、子どものありのままを一度

受け入れるということです。そうして、うなずきながら話を聞いてあげると、子どもはずいぶん素直になって、こちらの話にも耳を傾けるものなのです。特に、小学校高学年から中学生くらいになると、自分の世界観、自我が芽生えてきますから、親の勝手な判断をとてもいやがるようになります。ですから親はまず、判断はちょっと置いておいて、子どもの言動の具体的事実だけを見る訓練をしたほうがいいでしょう。

たとえば、子どもがあまり友だちと遊ばないとします。そのときに、親はすぐに「他人に興味がない。協調性がない」と判断しがちです。しかし事実は「うちの子は一日に三時間ぐらい本を読んでいて、外で遊ばない」ということで、他人に興味があるかないかは別問題なのです。また、病気になったおばあちゃんのところへ見舞いに行かなかったりすると、「うちの子は思いやりがないのだわ」と判断してしまいます。他に何か理由があるのかもしれません。

「うちの子は無駄遣いばかりして……」というお母さんがいますが、それはお母さんの勝手な判断。事実は「うちの子は月に一五〇〇円以上のお小遣いを遣います」ということなのです。「うちの子は不良とつき合ってて」の具体的事実は「うちの子は髪の毛を染めた友だちとつき合っている」です。

自分の主観を極力抑えて、事実だけを紙に書いてみると、相手を受け入れる心の準備ができてきます。そうして初めて、話し合いが可能になるようです。

子どもは、大人ほど言葉で説明することができない

親子や夫婦という内輪の関係は、とかくべったりの感情的なつき合いになりやすく、目の前にいつもいるものですから、話し合わなくても相手のことはすべてわかってると思いがちです。

特に母親は、自分の腹を痛めて自分のオッパイを飲ませて、つぶさに日々の成長を見てきたわけですから、子どものことはみんなわかったつもりになってしまいます。そして、ある日突然、「お母さんになんてわからないんだから」と、思ってもみない言葉を投げつけられて、オロオロするというのがよくあるパターンのようです。

思春期になって重大問題が発生したときに、突然、「話し合いましょう」と言っても、その習慣のない家庭ではむずかしいかもしれません。ですから、小さいうちに話し合いの習慣、すなわち相手を認め合う習慣をつくっておくといいのです。

私にはこんな経験があります。

三歳のうちの娘と山の中を歩いていますと「パパ、おんぶして」と言うのです。私は、甘ったれてるなと思い、「何言ってるんだ。自分で歩きなさい」と突っぱねました。すると、「やだやだ」と大声で泣き出しました。仕方なくおんぶしたのですが、しばらくしてまた歩かせると、「パパ、おんぶして」。

私もさすがにおかしいなと気づきまして、娘を見ていると、地面ばかり見ながら歩いているのです。よく見ると、アリがいっぱいいます。娘は、虫が大嫌いなのです。「虫がこわいの？」と聞くと、「うん、そう」と泣きそうな顔で答えました。

子どもは大人ほど言葉で説明することを知りません（最近では、大人でも言葉でちゃんと説明できない人がいるようですが）。泣く、という反応で訴えるしかない場合があります。よく見て、よく聞いてあげると、その子にはその子なりの理由があるものなのです。

冒頭で述べた、「よけいなことはしないでいいの！」と言った直子さんの母親は、私に愚痴をこぼしていました。

「とにかく先生、テレビばかり見ていて、たまに静かだから部屋へ行くとマンガを読んでいるんです。いったいいつ勉強するのやら、本当に困ってしまって……」

直子さんは「やる気のない子」だとお母さんは決めつけてしまっています。しかし、私から見れば「やる気のある子」に見えました。彼女はバスケットの部活動をやっていて、一生懸命練習して帰り、家へ帰るとドッと疲れが出て、今のところ勉強にまでエネルギーがまわらないのです。彼女がお母さんの言うようにやる気のない子なら、バスケットに一生懸命になるはずがありません。部屋の掃除だって、食器の後片づけだってするのです。

その彼女に向かって「よけいなことはしないでいいの！」と叫んだお母さんのほうが、彼女のやる気の芽をつみとっているようです。あなたならそんなふうに叱られた後、気持ちよく机に向かえるでしょうか。こんなときはむしろ、食器洗いをさせたほうがいいかもしれません。たかだか一〇分か二〇分。終えたら「ありがとう、助かったわ。勉強がんばってね」と、ストローク（心の食べ物）の言葉をかけてあげればよいのです。

わが子を活かす一言

・ありがとう、助かったわ。勉強がんばってね。

⑬

「親に向かって何てこと言うの！」

マイナス500点

子どもは、素直にあやまる親をけっしてバカにしない

親は何も聖人君子ではありません。立派な親になろうと思ってはいても、矛盾したことも言うし、独断と偏見に満ちた判断で決めつけたものの言い方をしてしまうこともあります。また、つい心配と好奇心のあまり、子どものプライバシーに介入してしまうこともあります。親とはそういうものなのです。

それはそれで仕方がない。しかし、そういう親の矛盾を子どもから突いてこられたときの態度が問題です。子どもは、親の矛盾やいいかげんさ、ずるさや独断を突く天才ではないかと思うくらい的確に責めてきます。それはちょうど、親が子どもの矛盾やいいかげんさを責める度合と同じです。

「どうしてお母さんは、いつも決めつけた話をするの」

「お母さんは、自分に都合のいいことばかり言うんだから」

「私の友だちの悪口は言わないで」

「あの洋服、買ってくれるって約束したじゃない」

こうしたことを指摘され、一般の親がすることは立場の防衛です。必死で親としての体面を守ろうとします。親はけっして子どもに負けてはいけないと思い込んでいるのです。勝ち負けなどどうでもいい、本当に必要なのは親子の信頼関係なのに、親は勝負をしてる気分になってしまいます。

「あなたはいつも理屈ばかり言うのね」

「人の言葉の揚《あ》げ足取りは止《や》めなさい」

「あなたのことを思ってるから言うんじゃないの」

「子どもと大人は違うのよ」

そして、最後のとどめの一発。

「親に向かって何てこと言うの！」

相手に有無《うむ》を言わせません。命令で、表面上の勝者になろうというわけなのですが、この言葉が出たときは、すでに親は負けています。内心、子どもの主張のほうがスジが通っていると感じているために、苦しまぎれに出る言葉なのです。

このあと、子どもが黙ってしまうのは、親の言うことにもっともだと納得したからではありません。言っても無駄だと、親を無視したからなのです。もしかしたら「バカな親だ」と軽蔑《けいべつ》しているかもしれません。

もし本当に心の底から、あなたが子どもとの信頼関係を育《はぐく》むことを望んでいるなら、正直に自分の身勝手を認めることです。自分が矛盾したことを言ってしまったこと、子どもの人格とプライドを傷つけてしまったこと、自分のいいかげんさを認めなければなりません。そして、必要なら素直にあやまることです。

それで、子どもはけっしてあなたをバカにすることはありません。むしろ正直な親だと思い、信頼感を抱くでしょう。子どもは、そこで正直さ、素直さの大切さを学んでいくことでしょう。子どもは親の言っていることから学ぶのではなく、親のやっていることから学んでいくものなのですから。

わが子を活かす一言

・お母さんの言動（こと）で気を悪くしちゃったかな。

⑭「こんなことしたの、また、お前でしょう」

マイナス600点

子どもにウソを言わせてしまう親の言葉

子どもと過ごす時間が長い母親は、決めつけと先入観でものを言いがちになってしまう傾向があります。

今までに二度、良夫《よしお》君は泥んこ足で帰宅し、玄関を泥だらけにしてしまいました。すると次に泥だらけの玄関を見るとお母さんは、叫んでしまいます。

「良夫、またお前だね。いったい何度言ったらわかるの。家へ入るときは泥を落としてから入ってと言ったでしょう。何度言ってもわからないんだから」

良夫君は口をとがらせて言います。「違うよ、茂《しげる》だよ」

「そんなはずがないでしょ！　この前もその前もお前がやったんだから。弟のせいにするのはよしなさい。母さん、嘘つきは嫌いよ」

良夫君がいくら精いっぱい主張しても、この母親の前では信じてもらえません。このあと、彼は一人寂しく黙ってしまうでしょう。「言っても無駄だ」と心の中で呟《つぶや》きながら。もし、ほんとうに彼が犯人でなかったとしたら、ことは重大です。

「どうせ僕はダメな子なんだ。お母さんが僕の言うことを信じてくれないんだもの」

親から否定された良夫君は、自分で自分に「ダメな子」という烙印《らくいん》を押してしまいます。これが恐ろしいのです。

強くてやる気のある子なら、「お母さんの言ってることはおかしい。僕じゃないんだから、わかってもらえるようにもう一度言ってみよう」と決心するでしょうが、弱い子はさらにやる気を失くします。誰も、良夫君の冤罪《えんざい》を晴らしてくれる人はいないのです。

また、仮に彼が嘘をついていたとしても、彼だけを責めるわけにはいかないでしょう。「またお前だろ！」という決めつけた言葉の中に、思わず「違うよ！」と答えさせずにはおかない独断的な調子があったはずなのです。「話をすればわかってもらえる」という安心感の中にいる子どもは、嘘をつかないものですし、正直に感じたままを話すものです。子どもに嘘をつかせるのは、結局、親の対応に問題があるのです。子どもが黙りこんでしまったら要注意。子どもの心の中は不信感でいっぱいです。

先日、友人からこんな話を聞きました。

その友人には三歳になる娘がいるのですが、一家でテレビを見ていたら、突然、その子がスイッチを切ってトイレに行ったのだそうです。ほんとなら、「みんなで見ているのにどうして勝手にスイッチを切るの、それはいけない」と叱るところです。ところが、友人には娘の行為の意味がわかっていましたので、思わず笑ってしまったそうです。

というのは、その友人はビデオを見ているときに急に電話が入ったり、トイレへ行きたくなったときに、一応スイッチを切ってその場を離れるのです。そして用事が終わると、スイッチをONにして続きを見るのです。

三歳の娘さんはそれを見ていたらしく、自分がトイレへ行くので、スイッチを切ったのです。そのとき、友人一家は、ビデオではなくテレビを見ていたのですが、三歳児にそんなことがわかるはずがありません。ビデオとテレビの違いを彼女に説明するなんて、至難のワザです。もう少し時期を待たねばならないでしょう。

しかし、この話を聞いて痛切に思ったのは、もしこの娘さんの気持ちがわからずに、「こらっ、人が見てるのに自分勝手にスイッチを切って！　いけない子だ」と叱ったとしたらどうでしょう。

その瞬間、わけわからずに泣き出すことでしょう。そして、親に対して不信感を抱き続け、しまいには、他人に対して、そして自分に対して否定的な気持ちを抱き続けることになってしまうでしょう。子どもはいつも、説明不足です。あなたの子どもを、まずあなたがわかってやらねば、かわいそうです。

玄関が泥で汚れていたら、何度でも「誰がやったの？」と、静かに問いかける余裕を持ちたいものです。事実を確認してから話をすすめましょう。

わが子を活かす一言

・どうした（何がおきた）の？
・誰がやったの？

⑮「先生も言ってたわよ」

マイナス250点

「教育」とは、親の言うことをきかせることではない

自分に自信がないと、第三者の権威を借りようとします。よく使われるテ・です。

「お父さんに聞いてごらんなさい。お母さんが正しいっていうにきまってるんだから」

「おまわりさんに叱られますよ」

「ほら、あそこにすわってるこわいおばさんに叱られるわよ」

最後の言葉は、私の友人の女性が電車の中で耳にした言葉です。子どもがあんまりキャアキャアうるさいので、子どもたちに彼女はいつ注意をしようかと機会をねらっていました。そして眉《まゆ》をしかめて見たとき、お母さんと眼が合ってしまったのです。

彼女は「こわいおばさんに、なっちゃった」と苦笑していましたが、わが子の躾《しつけ》に、見ず知らずの「こわいおばさん」に力を借りようというのもずいぶんだと思います。しかも、子どもはこわいおばさんがいなければ騒いでもよいのだと思うでしょう。

また、あるとき子どもが茶碗を割ってしまったときの言葉です。

「また！　せっかく手伝ってもらってもこれなんだから」

「お母さんだって茶碗割ったじゃないか」

「あれは、たまたま割ってしまったんでしょ。あなたのはいつもじゃない。先生も言ってたわよ。あなたは学校でも落ち着きがないって……」

母親は自分の立場を守るのに必死で、関係のないことまで持ち出して防衛につとめます。自分の権威をここで死守しておかないと、子どもは言うことをきかなくなると思い込んでいるからです。しかし、ここで母親は重大な間違いに気づいていません。「教育」とは、子どもに親の言うことをきかせることだと思っていることです。

「先生、うちの子は親の言うことをちっともききません」

では、言うことをきく子がいい子なのでしょうか。ＡＣ（順応の「子」）ばかり高い従順な子は、はっきり言ってどこかの時点で爆発します。親の前では言うことをきいたフリをしているだけなのです。言うことをよくきく子というのは、親の言うことをきくフリをしておいたほうが、うるさくなくていいらしいと察知するのが早いだけで、自分の欲求をうまく行動に出せない子、すなわちやる気のない子だとも言えるのです。

「先生も言ってたわよ」と問題をはぐらかしたときから、子どもは母親のずるさを感じ取っています。分《ぶ》が悪くなったからこそ、第三者の権威を借りようとしている母親の姿を。この瞬間、母親は子どもに勝ち、立場を守れたかのように見えます。しかし子どもは内心、親をバカにすることで親に勝つのですから、親子の信頼関係は確実に薄れています。

叱る、注意をするということは自分の責任においてしなければいけません。叱るということは、親の信念を子どもに伝えるということなのです。叱るのは、自分の優位性を保つためでもなく勝つためでもありません。自分の生きざまを子どもに伝えることなのです。

そのときに、他の権威を借りる必要がどこにあるのでしょう。「私は、こう思う」と、自分自身の責任においてはっきり伝えることが教育です。責任を取りたがらない親からは、やはり無責任な子どもしか育たないでしょう。

わが子を活かす一言

- 母さんは、あなたに落ち着いて物事に取り組んでほしいと思っているのよ。

⑯「お姉さんなんだから我慢しなさい」

マイナス300点

親は、兄弟ゲンカの裁判官になるな

最近は一人っ子の家庭が多いようですが、兄弟や姉妹のいる家庭では、子ども同士のケンカに頭を痛めているお母さんが多いことと思います。親以外に自分の身近に現われた妹や弟の存在を、上の子にどういうふうに受け止めさせていくか、これはとても重要な問題だと思われます。

「うちの二人はケンカばっかりしてるの。いやになっちゃう。いくら仲よくしなさいって言っても言うこときかなくて」

兄弟ゲンカの多いことを子どものせいのように言う親は、自分がそういうふうに育ててしまったことを反省しなくてはいけません。

私の息子樹陽太《ジュヒタ》が生まれたのは、娘の瀬玲奈《セレナ》が五歳のときのことでした。そのとき、心に強く決めたのは、二人を差別しないということでした。

瀬玲奈が遊んでいるオモチャを、樹陽太はすぐ欲しがります。いかにも楽しそうに見えるのでしょう。もちろん、瀬玲奈がそのオモチャを貸し与えることもありますが、ガンとして貸さないこともあります。すると樹陽太は大声をあげて泣き出します。そして私や妻のほうを見て援助を求めます。

普通はこういうとき、母親は「瀬玲奈、お姉さんなんだから我慢して貸してあげなさい」と言いがちなのですが、私たちは言いません。子ども同士のケンカに大人が口を出すべきではないと考えているからです。まして、年上だから我慢しなくてはならないなどという理不尽《りふじん》なことは言えません。

人は所有権において平等なのだということ、そして、欲しい物があれば自分の力で得ていくものだという意識を、瀬玲奈にも樹陽太にも養ってやりたいのです。

さんざん泣き続けて、私に涙いっぱいの眼を向けても援助が受けられないとわかると、樹陽太は別のオモチャで遊び始めます。しばらくすると、瀬玲奈がさっきのオモチャに遊びあきたのか樹陽太に貸してあげています。けっこう二人でうまくやっていくものなのです。

もし、私が樹陽太の味方になって、瀬玲奈に貸し与えることを命令していたなら、瀬玲奈はこのように自分から弟にオモチャを貸すようなことはしなくなったことでしょう。なぜなら、瀬玲奈にとって、弟はいたわる対象ではなく、自分の物を奪ってしまう憎むべき対象となるからです。これは恐ろしいことです。二人は、親にいかにうまく取り入るかに腐心するようになり、醜《みにく》い兄弟争いになります。二人にとって親は、裁判官になってしまうのです。

私は、教室においても、子ども同士のいさかいに裁定を下すようなことは絶対にしませんん。双方がどうしたいのかを納得いくまで話させ、彼らに解決策を見つけ出させ、実践させるようにしています。親は、子ども同士のいさかいに首を突っ込み、絶大なる権力をふるって、正しい、間違っているの裁定を下す裁判官になりがちです。そして結果として、兄弟の仲をこじらせているのが常のようです。

わが子を活かす一言

- 二人ともそのオモチャが欲しいんだね。
- お姉ちゃんは、どうしても貸したくないんだね。

⑰「しょうがないわね、今日だけよ」

マイナス100点

なぜ、「これが最後よ」が最後にならないか

この言葉を発したが最後、親子は「これが最後よゲーム」を延々と続けなければならなくなります。

デパートのオモチャ売場で、これが欲しい、あれが欲しいと駄々をこねて大声で泣き叫んでいる子どもがいます。あれだけたくさんのオモチャがあるのですから、欲しいと言えばみんな欲しくなるでしょう。ところが、ただ見てるだけで「買って！」とせがまない子もいます。見ていると、大声でねだっている子は、どうしても欲しいオモチャがあるわけではないのです。その証拠に、あれもこれもと対象が移ったりします。

子どもはオモチャを手に入れたいというよりも、親を試《ため》して泣いているのです。あまりにひどい泣きように、ついに親は根負けして折れてしまいます。しかし、親のほうも、「今日はオモチャをねだらない」という約束をしてきたのですから、簡単に買い与えるわけに

はいきません。そこで、「しょうがないわね、今日だけよ！」と条件つきで許すのです。

しかし、これは、けっして今日だけにはなりません。「これが最後よ！」と言いきかしても子どもはうわの空。けっして、最後だなんて思ってはいないのです。次にまた同じような場面に出くわすと、子どもは前回のことを思い出して泣き叫びます。おそらく、前回で味をしめた子どもは、前回よりも激しく泣いて抵抗するでしょう。地面にすわり込んで動かなくなり、さらには大の字になって寝てしまって、母親が恥ずかしさゆえに折れて買ってくれることを期待するでしょう。

なぜなら、彼は最初の体験で「泣き叫び、抵抗すれば、欲しい物は手に入る」ということを学び取ってしまったのです。したがって、彼にとって泣き叫んでも手に入らないとしたら、それは、泣き方が足りないからなのです。叫び方がまだ足りないから手に入らないのです。

親と子の「これが最後よ」というゲームは、けっして最後になりません。中学に入れば「これが最後よ」と言って携帯電話を買ってやり、高校へ行けば「これが最後よ」と言ってタブレットPCを買い与え、大学では入学祝いに車を用意し、高級な一人住まいのマンションを借りてやるでしょう。社会人になってさえ物質的援助をせがまれ、結婚してさえ

「これが最後よ」と言い続けながら、金銭を与え続けるに違いありません。

駄々《だだ》をこねれば、誰かが何とかしてくれるという安易な考え方を身につけてしまうと、会社に入っても、自分から率先して仕事をするような人間にならないでしょうし、家庭でも、最後には何とかなるという無責任な親になるのではないでしょうか。

約束したこと、決めたことに対して親は妥協してはいけません。その影響は、そのときだけではなく、一生続くのだということを知っておきましょう。

わが子を活かす一言

- 買わないと約束したからね。
- お母さんと約束したわね。

⑱「片づけないと、もうオモチャは買ってあげない」

マイナス100点

脅《おど》して言うことをきかせても、何の解決にもならない

親は子どもに対して絶対的な権力を持っています。子どもは、いくら泣いてもわめいても、一人では何もできないことを知っています。お父さん、お母さんがいなければ生きてはいけないのです。しかしその権威をかざして、教育に脅しを使うのは卑怯《ひきょう》です。

「ムダ遣いばかりして。もうお小遣いはあげませんからね」
「そんなにお行儀の悪い子のお洋服は、いっさい洗ってあげません」

こういう脅し文句は、明らかに子どもの弱みにつけ込んでいます。親にオモチャを買ってもらえなければ、子どもはお金を持っていないので一切オモチャを買えなくなります。お小遣いをもらえなくなったら子どもの収入源はまったくなくなってしまいます。洗濯をしてもらえなくなったら着るものがなくなります。だからイヤでも子どもは言うことをきくようになるのです。しかし、それはオモチャが散らかっていると家族の迷惑になるから

片づけるのではなく、洋服を脱ぎっ放しにしておくと家が片づかないからではなく、脅されて言うことをきいているだけなのです。

このやり方は、何ら根本的な解決にはなりません。しかもそのうちに子どもは、これらの言葉が単なる脅し文句であることに気づいてきます。「片づけないとオモチャを買ってあげない」と言われても、そのままにしておくといつの間にかきちんと片づいているし、次のオモチャもちゃんと買ってもらえたりするのです。

たしか、娘の瀬玲奈《セレナ》が二歳半の頃でした。遊びに夢中になって、オモチャを広げすぎて収拾がつかなくなったらしく、片づける気が失せてしまったようです。「食事だから片づけようね」と母親が言っても知らん顔をしてトボケています。何回か「片づけなさい」と言うと、とうとう開き直って「イヤだ。知らない！」とはっきり宣言しました。

そのとき、私は思わず「それならそれでいい。このオモチャを全部捨ててしまうからな」と言ってしまいました。脅し文句です。瀬玲奈は「それでもいい」と言いました。もう完全に開き直っていました。

夕食後、瀬玲奈がふとんに入ってから、私は散らかっているオモチャを全部、一つ残らず捨てました。中には買ったばかりの積木もあって、親としてももったいなかったのですが、一切合財、散らかっているものは全部捨てました。単なる脅し文句ではないこと、自分が散らかしたものは自分で責任を持って片づけることを教えたかったのです。翌朝、瀬玲奈は、オモチャが全部なくなっていることに気づきました。

「オモチャは？」

「全部捨てたよ」

それだけの会話でした。別に泣きもしませんでしたし、私のことを恨むようでもありませんでした。しかしその日から、瀬玲奈の行動には、片づけられる範囲で工夫をしたことが、はっきりと読み取れました。

子どもと対立したとき、親が退いてもいい場合と、絶対退いてはいけない場合があるように思います。「自分の行動の責任は自分で取る」ということは、私が絶対に退いてはいけないと思っている事柄の一つです。

わが子を活かす一言

- 自分のものは自分で責任を持って片づけるのよ。
- オモチャが広がっていると、落ちついて食事できないわ。

4 この禁句は、こう言い換える
――なぜ、ほんのわずかな違いが自発性を左右するのか

言い方に気を使わないのが間違いの第一

まったく同じ事物を目にしても、それを言語によって表現する場合、人によってひじょうに大きな差異が生じます。よく使われる例に、コップに半分ほど水が入っているのを、「半分しか残っていない」と見るか「まだ半分も残っている」と見るかという話がありますが、そういうことがすべてについて言えるわけです。

私たちは、何を言うかについては比較的気を使うものですが、どういうふうに言うかにはあまり気を使いません。ことに家族や親しい人には、内容さえ伝わればよいと思ってはいないでしょうか。それが間違いの第一であることに気づかなければなりません。

⑲「何度言ったらわかるの！」

マイナス650点

同じ失敗をする子には、どんな言い方をすればよいか

はるか昔の子ども時代のことなのに、いまだに鮮明に焼きついている思い出があります。

私は小学校三年生で、担任は四〇歳すぎの女性の先生でした。国語の時間、私はどうしても「学校」の「学」の字が書けずに叱られていました。「学」のカンムリの部分を「賞」のカンムリ部分だと信じきっていたのです。大きなバツをもらっても、どこが間違っているのかわかりませんでした。

先生は親切に「こう書くのよ」とクラス全員に聞こえるように大きな声で教えてくれました。こちらは、恥ずかしさで顔がほてって真っ赤になり、教えてもらっている内容が耳に入りません。「わからない」とすら言えないのです。それでも、どこかを直して先生に提出しなければいけないので、カンムリ以外の部分を直して、見せに行きました。

三回目の提出でした。どこが悪いのかわかっていないために直しようがなく、やむをえ

ず適当に一部を変えて持っていっているだけなのですから、正解である自信などありません。また何か言われるに違いないと私はビクビクしています。三回目に提出した私の字を見たとたん、先生の声が教室中に鳴り響きました。

「何度言ったらわかるの！　人の説明を何で聞いていないの！　先生をバカにしてるの！」

この、背筋を冷たい水がツツーと通り抜けていったような瞬間は、五〇年以上たった今でも体で覚えています。恥ずかしい、情けない、口惜しい、自分はバカだという否定的感情が私を包みました。何とかわからせようとした先生の熱意ゆえの一言だったのでしょうが、それは私の心をえぐりました。先生の熱意は、私には伝わりませんでした。そして、どこが間違っているのかも、わからずじまいでした。

子どもが同じ失敗を繰り返すのは、「何がわからないか」が「わからない」からです。わからないことをいくら責めたてても、わかるようにはなりません。子どもは「わからない」とすら言えなくなって、萎縮《いしゅく》するだけです。

しかし、目上の顔色をうかがったりできるACの度合いの高い子は、わかってもいないのに「わかった！」とうなずいたりします。そのため私は、子どもに教える際、ひとつひとつのステップごとに「わかった？」と聞きます。そして必ず子どもの表情を見ます。表情に必ず答えが書いてあるからです。

何がわからないのか？　つまずいている部分を見取ってあげること、これが先生の一番の役割ではないでしょうか？　失敗を繰り返す子どもの立場になってあげることです。

「どこがわからないのかな？」

「もう一度言うからよく聞きなさい」

転んでは立ち上がり、また転んで成長していく子どものプロセスにつき合ってあげましょう。必死で、自分の力で解決していく手助けをするのが、親の役割でしょう。

わが子を活かす一言

- どこがわからないの？
- もう一度言うからよく聞いてね。

⑳「どうして、こんなことするの？」

マイナス500点

質問の形をした叱責《しっせき》の言葉

この言葉は活字で書くと、単に質問をしているように見えます。

「どうして遅刻したのですか？」

「朝寝坊して、いつも乗る電車に乗り遅れてしまいました」

冷静に判断力を働かせたA（成人）から出ている質問では、このような会話になります。

しかし、母親が「どうして……」というフレーズを口にする場合は、質問の意ではなく、CP（批判的「親」）からの威圧的な責め言葉になります。言い換えれば、理不尽な言葉を投げかけているのです。

そういう母親の言葉を、母親の理論的な成人のAの部分から発せられたものと受け取って、子どもも冷静にAの態度で返答をしたらどうなるでしょうか。「お椀が傾いて、引力の法則により……」とでも答えたら、お母さんは激怒するに違いありません。子どもは、感覚的にこれが母親のAから発せられた言葉ではないことを知っています。だから子どもとしても、Aでは返答できません。

「どうして味噌汁をこぼすの！」

こぼしてしまって、シマッタと思っている子どもに向かって、この言葉を投げつけるのは酷ではないでしょうか？　子どもは別にわざとこぼしたわけではありません。悪意でこぼして母親を困らせようというわけではないのです。単なる不注意なので、本人も困ったなと思っているわけなのですから、「どうして？」と聞かれても困るのです。しかし、えらい剣幕の母親を見て、子どもは何か答えなければいけない状態に追い込まれてしまいます。そして、Aの言葉を使いながらAC（順応の「子」）で答えようとします。

「マー君が僕の腕を押したからだよ！」などと弟のせいにしたりします。

「マー君がやるわけないでしょ！　嘘ばかり言って」

答えようのないことに理由を求めると、子どもは理屈を考え出さざるをえません。適当にいい理屈がなければ、嘘をつくようになります。このように、言葉というのはほんの少しの違いで、あとあと重大な結果をもたらします。「どうして」と「どうしたの」は、似ているようでまったく意味が違うのです。「どうして」という言葉は、理由、理屈を求める言葉で、この言葉を聞くと人間は自動的に頭で分析し、考えた答えを出します。

夜遅く帰ったご主人に「どうして、今日も遅いの！」と聞けば、ご主人は本当のことを言おうと考えていても、奥さんが納得しやすい嘘をつくものです。

「上司から無理に誘われちゃってねえ」

奥さんは、いろいろなデータから、ご主人の嘘を見破ります。不信感が広がります。

「お疲れさま。顔色よくないわよ。どうしたの？」と聞けば、ご主人は理屈を考えることなく自分の状態を話すようになるでしょう。同様に、子どもに味噌汁や牛乳をこぼしてしまった状態に気づかせないといけないのです。

「どうしたの？」

「うん、よそ見してた……」「急いで飲もうとしたから……」

親が考えなくとも、子ども自身が自分の不注意な点に気づくものです。

わが子を活かす一言

- どうしたの？
- 何があったの？

㉑「乱暴な字を書かないで！」

マイナス150点

注意の言葉は、否定形を使わずに

この言葉の使い方のどこがいけないと思いますか？　別に、何の悪いところもないと思われるでしょうか。では次にあげるⒶとⒷの表現を見比べてみてください。

Ⓐ　落ち着いて話しなさい
Ⓑ　あわてないで話しなさい

Ⓐ　勇気を出してやりなさい
Ⓑ　こわがるのはやめなさい

Ⓐ　ていねいに字を書きなさい

Ⓑ 乱暴な字を書かないようにしなさい

Ⓐの表現はすべて肯定的であり、Ⓑの表現はすべて否定的です。言っている意味は同じでも、受け取る側は、まるで違った感じで受け取ることになるのです。

Ⓑの「あわてないで話しなさい」は、「あなたはいつもあわてる。それはダメ。そうしないで話しなさい」ということであり、「こわがるのはやめなさい」は、「あなたはいつもこわがる。それはダメ。そうしないでやりなさい」であり、「乱暴な字を書かないようにしなさい」は、「あなたはいつも乱暴な字を書く。それはダメ。そうしないで、ていねいに書きなさい」ということなのです。

なぜ、このようなⒷの否定的表現は好ましくないのか、考えてみましょう。

まず、次の文章を読んで指示にしたがってみてください。

「真っ赤な消防車、ウーウーウーとサイレンを鳴らして走っている消防車を頭で想像し・な・い・で・く・だ・さ・い」

さて、あなたの頭の中はどうなっていますか。私が開いている「母親教室」でこの指示を出すと、すべての人が消防車を想像してしまいます。想像しないでくださいと言っているにもかかわらず、想像してしまうのです。あなたの頭の中では「想像するな」の部分が消え、ウーウーとサイレンを鳴らして走る消防車のイメージだけが残っているはずです。

否定的表現をした場合、人間の頭の中にはこれと同じようなことが起こります。「あわてないで、話しなさい」と言うと、「話しなさい」が消えて「あわてる」という部分だけが残るのです。「こわがるのは、やめなさい」と言うと、「こわがる」という部分だけが残るのです。「乱暴な字を、書かないようにしなさい」と言うと、「乱暴な字」だけが頭に残ってしまうのです。

ですから、「あわてないで話しなさい」ということは「お前はあわてる子だ、あわてる子だ、ほら、やっぱり」という暗示を子どもにかけていることになるのです。

よく、たくさんの人の前で話すときに「あがらないで話そう」と決意すればするほど、顔がほてり、あがってしまうことがあります。そんなときは否定的に考えずに、「私のいい話をみんなに聞かせてあげよう」と考えればいいのです。車酔いをする人は、「今日こそ酔わないようにしよう」と、薬を飲んだり、揺れの少ない座席にすわったり、窓をあけたりと万全の注意をしても、やっぱり酔ったりします。しかし「今日は、あの人に会える」という特別の目的があって気持ちがそっちへ向いているときは、車酔いのことなど忘れていたりします。

すべて肯定的にプラス発想で捉《とら》えていくことが大事です。いろいろな子どもを見ていて、一つの同じ事実に対しても、驚くほど肯定的に捉える子と、逆に驚くほど否定的に捉える子がいますが、きっと、幼い頃の親の微妙な表現の違いが一因となっているのでしょう。

わが子を活かす一言

- 急いでいたの？
- 落ち着いて書いてみてね。

㉒「ごはんを食べなさい！」

マイナス100点

命令形を使わずに、事実だけを伝える方法

親というのは、どうしてもCP（批判的「親」）、つまり上の立場からの命令が多くなってしまうものです。命令さえすれば、その場はとりあえずおさまって、自分の責任を果たしたような気持ちになるからかもしれません。しかし長い目で見れば、一生命令し続けていかざるをえなくなり、親が消費するエネルギーのロスは大変なものです。

命令につぐ命令で、子どもの気力を奪っておいて「うちの子はやる気がない」と愚痴《ぐち》ってみても始まりません。次の、Ⓐと Ⓑの言葉遣いの微妙な違いを見てみましょう。

Ⓐ　ご飯ができたわよ

Ⓑ　ご飯を食べなさい

Ⓐ　七時になったわよ

Ⓑ　七時よ、起きなさい

Ⓐ　今日は雨だって天気予報で言ってたわよ

Ⓑ　今日は雨になるから、カサを持って行きなさい

どんな印象を持ちましたか。Ⓐの表現は、冷静にＡ（成人）の自我状態からただ事実を伝えているだけです。Ⓑの表現は、親のＣＰ（批判的「親」）による子どもへの指示です。実に微妙なことですが、この違いが子どものやる気すなわち自発性に大きく関係してくるのです。

Ⓐの表現で事実を伝えられた子どもは、自分の行動を自分で決めていくでしょう。食事を食べるのも食べないのも、七時に起きるのも起きないのも、カサを持って行くのも持って行かないのも、子どもが決めます。

たとえ、子どもが食事をとらず、七時に起きず、カサを持って行かなくとも、それは子どもの責任において子ども自身が決めたことなのです。自分の責任において自分で決める。これが、やる気つまり自発性の根本です。

Ⓑの表現で親から指示や命令を受けた子どもは、自分で決定する権利を初めから奪われています。親が「食事を食べなさい」と言ったのは、命令しないと食べないかもしれない

と思ったからでしょう。「時間よ、起きなさい」という言葉の裏には、言わないと起きない子どもだからという意識があるからでしょう。少なくとも、子どもは直感的にそう受け取り、本当に「起きない子ども」になってしまいます。

「おなかがすいた、ご飯食べたいなぁ」と思っているところへ、「食事しなさい」という命令がなされることによって、何だか食べたくなくなってしまうものです。また朝起きて、「雨が降りそうだなぁ」と思っているところへ「雨が降るからカサを持って行きなさい」と命令されれば、「いらないヨ」とプイと外へ出て行きたくなろうというもの。

こんな反抗であればまだ少しは自発性が育っている証拠なのですが、幼い頃から命令漬けになっている子は、初めから自分で決めることを放棄していて、ただジーッと命令を待つだけになっています。「自分のことは自分でしなさい」と、〝Do it yourself〟を教える親は多いのですが、そのまえに、〝Decide it yourself〟「自分で決めなさい」が大切なのです。

自分の責任で行動する子を育てる法

人間は、自分でやる気を持ってことにぶつかることよりも、外から与えられた命令どおりに動くほうが心理的に楽であることを無意識に知っています。なぜなら、自分の心の中で葛藤しなくてすむからです。自分の責任を自分で追及する必要がないのです。そのほうが、リスクが少なくてすむのですから。

自分で決めて自分の責任でことにぶつかり、達成したときの喜びは、ひじょうに大きなものなのですが、それを体験したことのない子どもは、初めからリスクの少ない行動を選びます。こうした子に比べれば、「勉強をしなさい」と命令されてふくれっ面《つら》をする子はまだましです。その子は、勉強したくないのに「しなさい」と命令されたことが嫌なのではなく、母親の言葉によって自分の自発性がみるみる萎《な》えてしまうのが嫌なのです。

お天気がいいし今日はおふとんでも干しましょ！と決心していたのに、お姑《しゅうとめ》さんに、「晴れてるから、たまにはおふとんぐらい干したらどうなの」と言われたら、せっかくのやる気が萎えてしまいます。子どもも同じなのです。

「ママ、今日は何着たらいい？」と聞かれて「自分で選んでごらん」と、ここまではいいのですが、母親が思っていたものと違うイメージの服を着てくると、その瞬間子どもの選択を受け入れられなくなってしまいます。

「何それ、おかしいわよ。今日はとても暑くなりそうなのよ」

この程度ならまだ許せます。母親は自分の感想を、ごく素直にFC（自由の「子」）で言っただけなのですから。ところがたいていの場合、こんな言葉がつけ加えられるのです。

「他のに着替えていらっしゃい。ほら、水玉模様のがあったでしょ」

この一言で、「自分で選んでごらん」と最初に言ったことが嘘になり、子どもは自分の選択に自信を失くしてしまいます。「私は一人ではやっぱり選べないんだ。ママに手伝ってもらわないと私は変な服を選んじゃう」と、選択決定権を放棄してしまいます。

子どもは自分の存在を、自分の能力を、誰かに認めてもらえなければ自分で信じることができないのです。

わが子を活かす一言

- ご飯ができたわよ。
- 七時になったわよ。
- 今日は午後から雨が降るみたいね。

5 わが子を活《い》かす一言とは？

――親に心がけてほしい三つのポイント

「子どもを潰《つぶ》す一言」についてたくさんの事例を紹介してきましたが、今度はいよいよ、「子どもを活《い》かす一言」についてです。このことで、お母さんに心がけて欲しいことが三つあります。

親に心がけてほしい3つのポイント

①子どもの立場に立って喜びを共存する。
②判断・解釈をせずに子どもの気持ちを受け取る。
③親が自分の人生や体験を子どもとわかち合う（伝える）。

これらは、もしかしたら、普段やり慣れないことだったり、言い慣れないことかもしれませんが、大切なわが子のため、初めはうまくできなくてもいいから、ぜひチャレンジしてみてください。

㉓「ワァーすごい！」

プラス
100
点

子どものやる気を引き出す一言

「お母さん！　描いたよ、見てみて！」

友子《ともこ》ちゃん（五歳）は絵を描くのが大好き。今日も色鉛筆を使って、画用紙いっぱいに絵を描いて、お母さんに見せに行きました。

「ワァー！　すごい。友《とも》ちゃん、よくできたね！」この瞬間の親の一言は、子どもにとって決定的なプラスのストローク（心の食べ物）です。子どものやる気の源《みなもと》です。

なぜならこのときのお母さんは、ＦＣ（自由の「子」）の心になっているからです。もともとほめて欲しがっている友ちゃん。そこへお母さんが、自由の「子」で「ワァー！　すごい」というこの一言は、ストン！と友子ちゃんの心の中に落としこまれます。

「私の絵は、上手！　私は絵を描いてもいい」

そんな許可が友子ちゃんに与えられ、ますます絵を描く意欲がわいてきます。

「わが子を活かす一言」のまず大切な一つ目は、子どもをほめるときは、自由の「子」を使え！ということです。特に、子どもが「何かうまくやった」ときは、子ども自身が自由の「子」になっています。そのとき、お母さんも自由の「子」で「ワァーすごい！」とほめてあげたら、二人の喜びが倍増するのです。

子どもの立場で喜びを共有する

いつも子どもの目の高さにいて、子どもと同じ立場に立って、喜びを共有するのです。子どもの喜びがお母さんの喜びになったとき、子どもも、お母さんの喜びやひとの喜びを共感し、一緒に喜び合える子どもに育っていきます。

自由の「子」で共感する、そのためには、お母さん自身が自由の「子」を育《はぐく》むことが大切です。もし、自由の「子」を出すのが苦手なお母さんは、自分の喜ぶこと、自分を楽しくさせることから意識し始めてみてください。

㉔「そう！　先生がわかってくれないと思ったのね」

プラス100点

「母親教室」で、優斗《ゆうと》君（小学五年生）のお母さんが話してくれた話をご紹介します。

優斗君が、いつもより遅い時間に元気なく家に帰ってきました。

「どうしたの？」とお母さん。

「今日、学校で先生に叱られた」

「何があったの？」

「川田がそうじ当番を代わってくれって言ったから代わってやったんだ。そうしたら先生が来て、『勝手なことしないの！　川田君にやらせなさい！』っていきなりどなりつけるんだ……」

くやし涙を浮かべながら彼は学校であったことをお母さんに話しました。担任の須藤《すどう》先生は三五歳で独身の女の先生。けっこうものわかりのいい先生で、保護者間での評判もなかなかのもの。お母さんはそう聞いた瞬間、わが息子に原因があるのではと思いました。

でも、このときお母さんが偉かったのは、その反応をそのまま言葉にしなかったことです。もし言葉にしていたら、「あんたが悪いんじゃないの！　余計なおせっかいして！」とでもなったでしょう。

お母さんはそう言う代わりに、「なんで川田君と代わってあげたの？」と彼が代わりを引き受けたときの思いをききました。

「あいつ、今日、お母さんが熱出して寝てるんだ。だから早く帰って看病してあげたいって……」

おせっかいなんてとんでもありませんでした。優斗君の優しい思いやりから出た行動だったのです。

「そう。川田君を早く家に帰らせてあげたかったのね」「うん」

「その気持ちが、先生にわかってもらえなかったのがくやしいのね」「うん！」

優斗君はそう言うと、目から大粒の涙をポロポロと流したそうです。

優斗君のお母さんのすばらしいところは、優斗君のしたことに一切、判断・解釈の言葉を言わなかったことです。事実を聞いてあげたこと。その行動の背景にある思いをただ聞いて、受け取ってあげたことです。

優斗君のお母さんの言葉を、もう一度、見直してみてください。

「そう。川田君を早く家に帰らせてあげたかったのね」

「……先生にわかってもらえなかったのがくやしいのね」

判断・解釈を言わない代わりに、優斗君の思いを受け取ってあげて、それを言葉にしました。

「その通りなんだよ！　お母さんは、僕の気持ちをわかってくれている」

「うん！」と言う優斗君の短い一言に、お母さんへの絶対的な信頼が育《はぐく》まれたのを感じ取ることができます。しかしこのときもし、「……余計なおせっかいして！」という親の判断や解釈の言葉をお母さんが言っていたとしたらどうでしょう。

「お母さんも先生と一緒だ。僕の気持ちなんか全然わかってくれない。お母さんに言ってもムダだ！」

きっとこんなふうに思ったでしょう。そして、お母さんと優斗君の信頼のかけ橋には、とても大きなヒビが入ってしまったに違いありません。

子どもの心の痛みに共感する

「わが子を活かす一言」の大切なポイントの二つ目は、「子どもの気持ちを受け取る！」ということです。

お母さんはあなたの言っていることをこんなふうに理解したけど、これでいいの？という確認をするということです。特に子どもが悩みを持っていたり、イライラしていたり、子ども自身が何か気になることをかかえていると感じたときは、なおさらです。そのときこそ何かアドバイスするのではなく、気持ちを受け取るのです。

これもまた、共感です。心の痛みを共感してもらった子どもは、その痛みが半分になるどころか、それがすべて消えてしまいさえするでしょう。

「僕は安心だ！　だって、お母さんは僕のことをちゃんとわかってくれているもん！」

この安心感に支えられたとき、子どもは自分の人生に勇気を持ってチャレンジしていくのです。

㉕ 私から息子への手紙

父から私、そして子へ

「ワシは一六歳のとき、兄貴から一〇円かりて、歩いて東京に出てきたんだ……」

私の父は、何回も何回も、自分の生きてきた道程について話をしてくれました。〝耳にタコができる〟とは、こういうことを言うのでしょうか。

父は平成元年に他界しましたが、生きていれば現在九四歳。尋常高等小学校を出て、上京。たたきあげて、大手出版社の副社長にまでなりました。

「ワシが立てた出版企画を、若い連中は、『これは売れませんよ！』と言う。わかってないんだ、あいつらは。だから言ってやった。『売れないんじゃなくて、売らないんだ！』」

現役で働いているころ、こんな類《たぐい》の話もよく聞かされました。つまり父は、自分の人生を、自分の体験を私たち子どもにわかち合ってくれたのです。「その話は前に聞いた」と思い、聞き流したときも何回もありましたが、不思議と人生の節目、節目にそのことを思い出します。そしていつも、私を勇気づけてくれます。

親の人生を子どもに伝える

「わが子を活かす一言」の大切なポイントの三つ目は、「親が自分の人生、自分の体験、そのときした思いを子どもにわかち合う」ということです。その出来事がいいことでも、悪いことでも、楽しいことでも、辛いことでもです。

親の人生を知るということは子どもにとって、親との信頼関係や、親への尊敬をつくっていく大切なポイントです。失敗した話でもいいんです。そこから自分が何か学んだのであれば……。そのことから自分の可能性を拓《ひら》いていったのであれば……。

私の息子が高校受験をしたときのことです。中学三年生になったとき、「F高校に行きたい！」と言い出しました。しかしその時点での彼の成績では、まずムリ。でも彼は一年間その夢を捨てずにがんばりました。多分、精神的には色々なプレッシャーがあったでしょう。それでも、彼はやり続けました。試験前日に届くように彼に手紙を書きました。少し恥ずかしいですが、そのまま披露させてもらいます。

樹陽太《ジュヒタ》へ！

いよいよ試験だね。

いままで樹陽太がたくわえた力が一〇〇％発揮できるように祈っています。

樹陽太のリラックスのためにパパの体験談をひとこと。

パパの中学、高校、大学の入学試験の前におじいちゃんは、

「いい学校へ行けば、いい生徒が集まるからいいんだ！」と口ぐせのように言っていた。

だけど、パパは第一志望は全部不合格だった。

ガッカリしているとおじいちゃんはその都度、「学校は関係ない、結局は本人だ」となぐさめてくれ、社会人になったら「男は社会人になってからだ！」と、今考えるとわけのわからない（脈絡のない）ことを言っていた。

そして、今パパが自分の人生をふりかえってみると、努力したあとの結果がどうであれ、その結果から何を学んで、どのように人生に活かしていくかが何よりも大切だということがわかった。多分、おじいちゃんは、そのことをパパに伝えたかったのだと思う。

「樹陽太ががんばっている！」とママが言っていました。

そのことを聞くと不思議とパパも仕事を精一杯にやろうという気持ちになってしまう。
愛する息子の生き方、生きざまにパパが力づけられている。
樹陽太もそんな年齢になったのだと感激しています。
受験が終わったらまたゆっくりと話をしよう。男同士でな。
パパが自分の経験でつかんだものをぜひお前に伝えていきたい、と思っている。
よく睡眠をとって思いっきりやってこい。

パパより

追伸　推薦のない高校をあえて受験するという挑戦心がパパは一番うれしい。
そのことにおめでとう。

数日後、彼から職場に電話が入りました。
「パパ！　受かったよ。手紙ありがとう。うれしかった！」
私自身も三人の子どもの父親。自分の人生で体験してきたこと、自分の正直な気持ちを
これからも子どもたちに伝えていこうと思います。

第2章

エゴグラムで
あなたの性格診断

自分の長所、短所を「交流分析」で
調べてみよう

さて、P（親の心）、A（成人の心）、C（子どもの心）に関しては第一章で述べましたので、あらかたご理解いただけたと思います。本章では、現実の日常生活にこのP、A、Cがどのように現われてくるのかを見ていきます。

このP（親）、A（成人）、C（子ども）の心のエネルギーを、どのようなバランスで使っているのかをグラフで表わしたものを「エゴグラム」（161ページ参照）と言います。

親の言葉はすべてこの心の状態と関係があります。つまり、親のすべての言葉は、この五つの自我状態のどれかから発せられているのです。

そして子どもも、五つの自我状態のどれかで、その言葉を受け取ります。

したがって、親からの一言をより効果的に発し、子どもとのかかわりをより親密なものにするためには、親は親で自分のエゴグラムを知り、子どもは子どもで自分のエゴグラムを知って、それを共有化する必要があります。

身体の調子が悪いとき、血圧や脈や呼吸数、体温を調べたりするように、まず自分の性格、心の動き方を知っておくことが大切だというわけです。親と子の両方がエゴグラムをそれぞれ自分で書くと、その親子の問題点が極めて明確に見えてきます。

以前、あるお母さんが、一人っ子で中学二年生になる俊夫《としお》君の登校拒否について相談に見えました。週に一、二度、学校へ行く直前に腹痛や下痢を起こすのですが、医師からはどこも悪くはない。精神的なものではないかと言われたそうです。

さっそくお母さんのエゴグラムを書いてもらうと、きわめてNP（保護的「親」）とAC（順応の「子」）が高いタイプ（184ページ参照）だと判明しました。典型的な過保護、過干渉タイプです。話をきいてみると、朝起きてから学校へ行くまで、おどろくほどの面倒見のよさなのです。トイレに行きなさいとまで指示を与えていました。そこで私は、お母さんに次のことを実行してくださいとお願いしました。

1. 朝は、目覚まし時計で自力で起こさせること。寝ていたらそのままにしておいてかまわない。
2. 朝食は、「できたわよ」と言ってテーブルに出すだけでよい。まったく食べなくとも、残しても「食べなさい」と言わない。
3. 服装、忘れ物などのチェックは一切しない。
4. 学校から帰ってきても、学校で何があったかをいちいち問うて報告させるようなことはしない。ただし俊夫君が自分から話した場合は、しっかり聞くこと。その際は、聞いて相づちを打つにとどめ、叱ったり、注意したりはしない。

とりあえず、この四点を実行してみてくださいと伝えると、ひじょうに不安そうでした。「そんなことをしたら、毎日、学校へ行くでしょうか。行ってもほとんど遅刻すると思うんですが……」

実際、最初の数週間はお母さんの言うとおり、遅刻をしたようでした。しかし、腹痛や下痢はウソのようにピタリと止まったのです。そこで、私は俊夫君にこう言いました。

「君はもう自分で何でもできるし、遅刻や欠席もしないほうがいいことはわかっている。だからお母さんは、心配だけれどもこれからは何も言わないそうだ。もう自分で何でも決めていい。ただ君が自分ではわからないことがあったり、相談したほうがいいと思ったことがあったら話せばいい。お父さんやお母さんに話しにくかったら、僕でもいい。お母さんに心配をかけないようになれば、男も一人前だから、そのためには何でも協力するよ」

もちろん、話がこんなに簡単にすんだわけではありません。この間に、お母さん、俊夫君のそれぞれと何度も折衝《せっしょう》がありました。しかし私の行なった処方箋《しょほうせん》は、基本的にはこの二つだけでした。しかし、俊夫君の生活態度はみるみるうちに変化し、成績までグングンン伸び始めました。さらにうれしかったのは、俊夫君ばかりでなく、お母さんが「自分もひとつ成長したような気がします」と言ってくれたことでした。

エゴグラムによる性格診断の方法

さて、それでは、159・160ページの質問に答え、エゴグラムの書き方にしたがって、あなた自身やご主人（または妻）、子どものエゴグラムを書いてみてください。それぞれの性格が、きわめて適確に判断することができます。

質問には、自分自身で答えても、あなたをよく知っている人があなたをどう見ているかで答えてもらってもかまいません。似たようなエゴグラムになることもありますし、まったく違ったものになることもあります。そして、自分自身で答えたものと、身近な人の答えたものが大きく異なっている場合には、注意が必要です。

なぜなら自分自身が見たあなたと、ほかの人の見たあなたに大きなギャップがあるということですから、いつか「こんな人だとは思わなかった」と言われることにもなりかねません。

エゴグラムは、その人の年齢、生活状況などによって変わってはきますが、ある一定のパターンがあります。

たとえば、喘息《ぜんそく》の子どもを持つ母親のエゴグラムを調べると、ほかの母親と比較して、CP（批判的「親」）がひじょうに強いケースが多く見られました。たぶん、子どもを厳しくガミガミ叱り、温かく母性的な愛情で子どもを受け入れてやらないため、子どもは心の奥底に「甘えたい」という気持ちをため込んでいて、それが体の不調の原因になっていることもあるのです。そんなときはお母さんにNP（保護的「親」）を高めるよう努力してもらったり、極端な場合には、子どもと会わないようにしてしまうと喘息が治ってしまうことがあります。

治療の前には、まず症状に気づかねばなりません。体でも心でも、まず気づくことが何にもまして一番大切なことです。ちょっと熱がある、体がだるい、頭が重い、そんな体の変調の信号に気づかずに、結局バタンと倒れてしまうのです。子どもが学校へ行きたがらない、食がすすまないようだ、ふさぎ込んでいる、いい返事をしない、そんなちょっとした日常の子どもの変調に気づくゆとりが親にあれば、大事になる前に対処できるはずなのです。

では、まず自分自身を発見するために、エゴグラムのさまざまな基本的パターンを見ていきましょう。あなたの書いたエゴグラムに近いパターンを探してよく読んでください。あなたの本当の性格が、わかってきます。

一つだけ注意していただきたいのは、エゴグラムには、どのタイプがよく、どのタイプが悪いということがないことです。たしかに母親らしいタイプ、父親らしいタイプなどはありますが、すべて長所と短所の両方を持っているのです。優劣などないのですから、大切なことは自分の短所の出やすい心理状態を知り、その戒《いまし》めとして言葉や行動に役立てていってください。

エゴグラムの書き方（東京大学医学部心療内科作成）

①1〜50の設問について、答えてください。
②答えは、下記の答えの記入法に示した4つのうちから選んで、その数字を設問の右の空白部分に書き入れます。
③あまり深く考えず、気楽に答えてください。
④すべての設問に答え終わったら得点欄を縦に集計（足す）します。
⑤得点欄の段ごとに数字を集計します。左から順にCP、NP、A、FC、一番右がACです。
⑥各得点を161ページのグラフに書き、162・163ページのエゴグラムのパターンの中から、自分のエゴグラムに似たものを探します。
⑦性格診断は、それぞれのパターン図に示したページに載っています。

答えの記入法

- はい、いつも………3
- はい、しばしば……2
- はい、ときどき……1
- いいえ（めったにない）…0

1	動作がきびきびしていて能率的である					
2	あけっぴろげで自由である					
3	相手をみくだす					
4	周囲の人にうまく合わせていく					
5	伝統を大切にする					
6	相手の長所によく気がつき、ほめてあげる					
7	相手の話に共感する					
8	現実をよく見て判断する					
9	感情をすぐ顔に表わす					
10	物事に批判的である					
11	遠慮深く、消極的である					
12	思いやりの気持ちが強い					
13	イヤなことは理屈をつけて後まわしにする					
14	責任感を大切にする					
15	まっすぐな姿勢で相手の顔を見ながら話す					
16	不平不満がたくさんある					
17	人の世話をよくする					
18	相手の顔色をうかがう					
19	「なぜ」「どのように」という言い方をする					
20	道徳的である					
21	物事の判断が正確である					
22	「わあ」「へえ」などと驚きをよく表わす					
23	相手の失敗や欠点にきびしい					
24	料理、洗濯、掃除などを積極的にする					
25	思っていることを口に出せないたちである					

		CP	NP	A	FC	AC
26	上手に言いわけをする	■	■	■	■	
27	「…するべきだ」というような言い方をする		■	■	■	■
28	じっとおとなしくしているのが苦手である	■	■	■		■
29	規則をきびしく守る		■	■	■	■
30	わりあい人あつかいがうまい	■	■	■	■	
31	相手に喜んでもらえるよう努力する	■	■	■	■	
32	言いたいことを遠慮なく言う	■	■	■		■
33	いろいろな情報（事情）を集めてよく考える	■	■		■	■
34	わがままである	■	■	■		■
35	「すみません」「ごめんなさい」とよく言う	■	■	■	■	
36	自分の感情をまじえないで判断する	■	■		■	■
37	好奇心が強い	■	■	■		■
38	まわりを気にしない	■	■	■		■
39	理想を求める傾向が強い		■	■	■	■
40	実行する前にしっかり計画を立てる	■	■		■	■
41	会話では感情的にならない	■	■		■	■
42	困っている人を見たらなぐさめてあげる	■		■	■	■
43	奉仕活動では人の先に立って働く	■		■	■	■
44	意見を強くはっきり主張する		■	■	■	■
45	理屈よりも直感で決める	■	■	■		■
46	融通（ゆうずう）がきく	■		■	■	■
47	欲しいものはあくまで欲しがる	■	■	■		■
48	相手の失敗をすなおに許してあげる	■		■	■	■
49	誰とでもよく話す	■	■		■	■
50	頼まれたらイヤとは言えない	■		■	■	■
得点合計						
		CP	NP	A	FC	AC

エゴグラム

年　　月　　日

氏名　　　　　　　　年齢　　歳

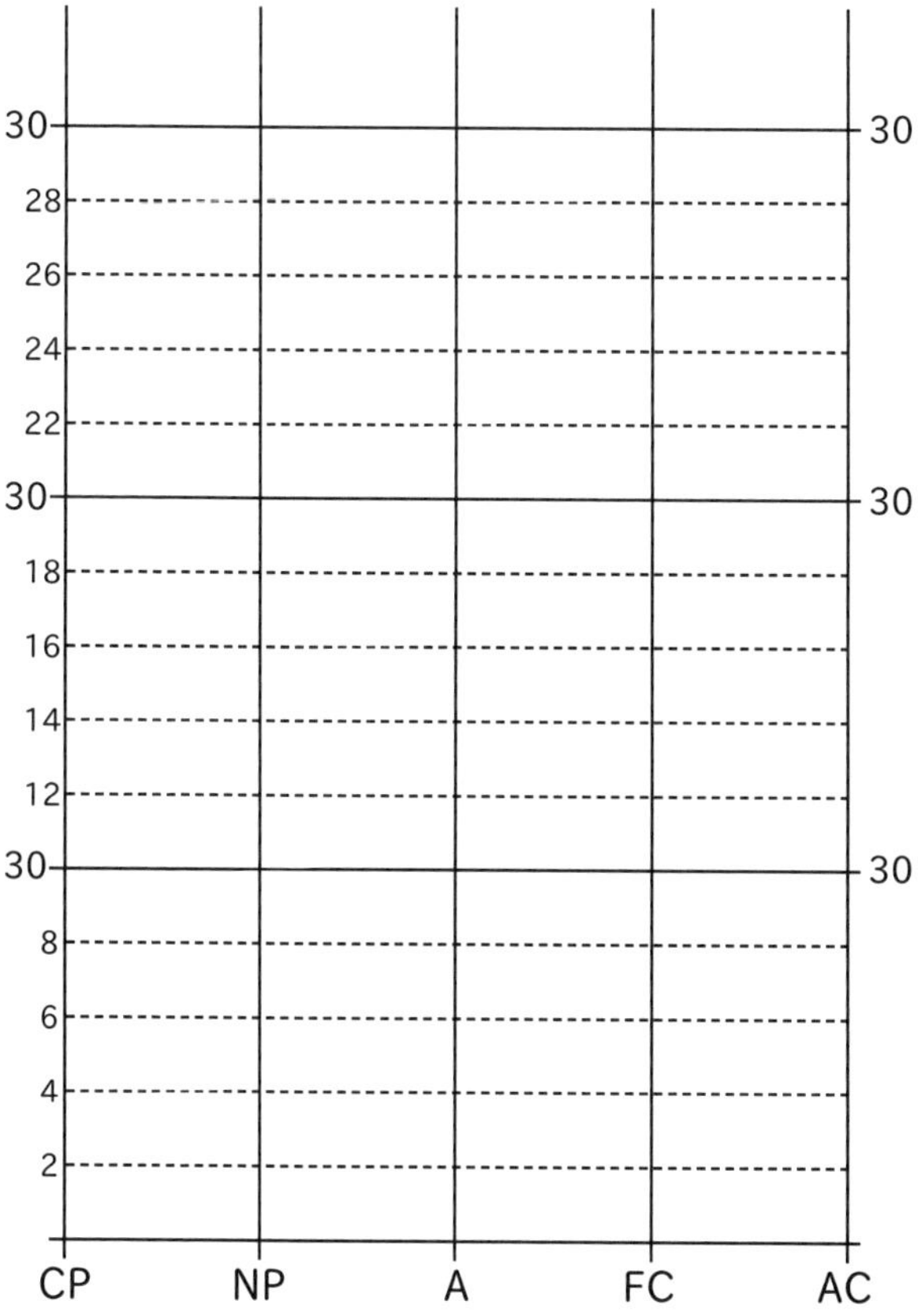

エゴグラムのパターン

次の中から、あなたのエゴグラムに最も近い形を探してください。各図の右上に示したページに、それぞれのパターンの性格分析が掲載されています。

指示・命令重視型

❶公務員タイプ→P164

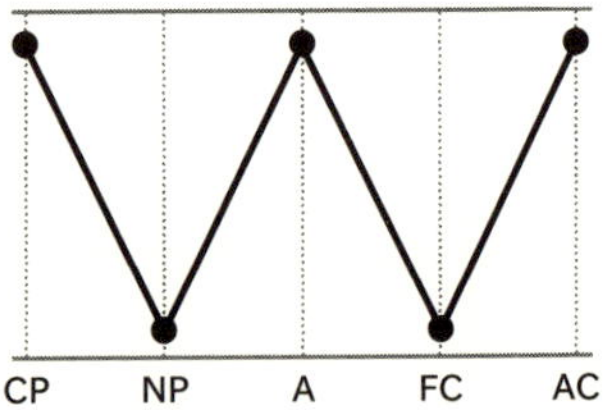

❷評論家タイプ→P168

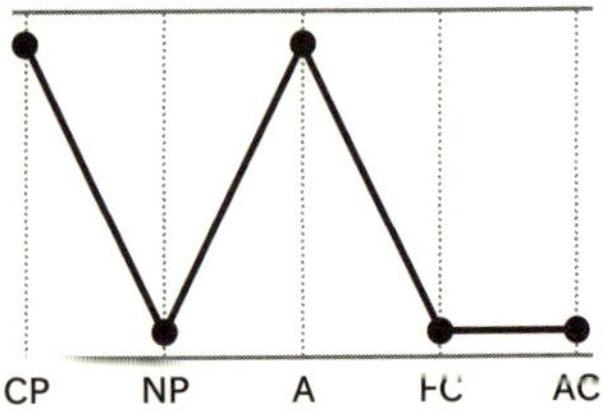

❸自信家タイプ→P170

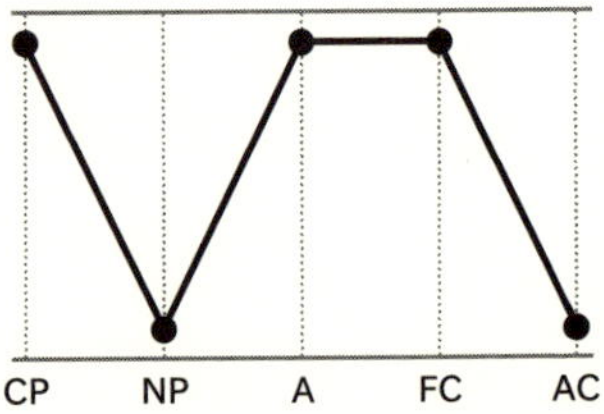

❹下町の職人タイプ→P173

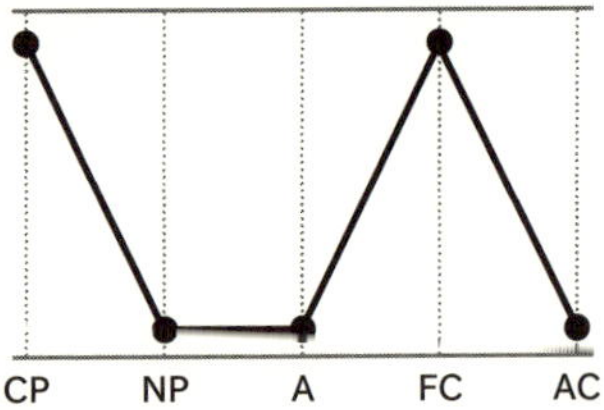

❺ため込みタイプ→P175

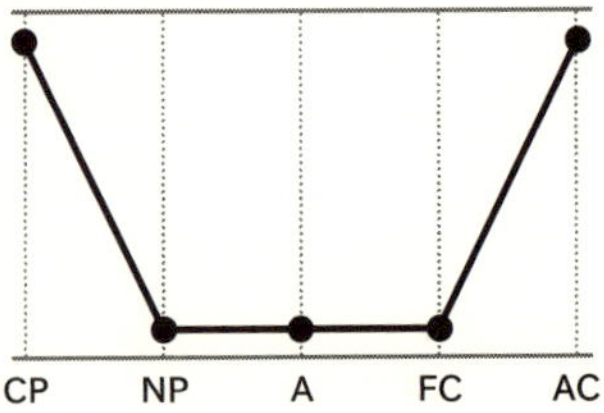

安定・円熟型

⑩理屈優先タイプ→P188

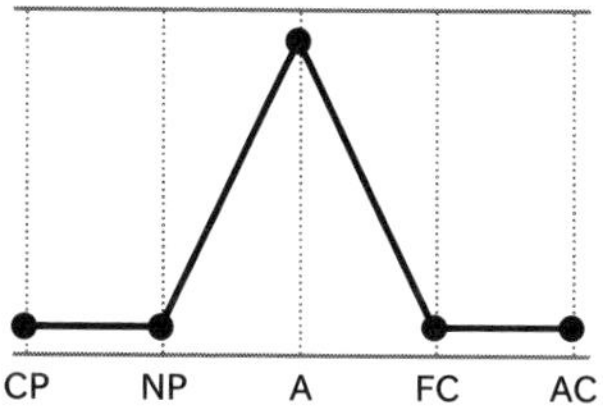

⑪円熟もしくは無気力タイプ→P190

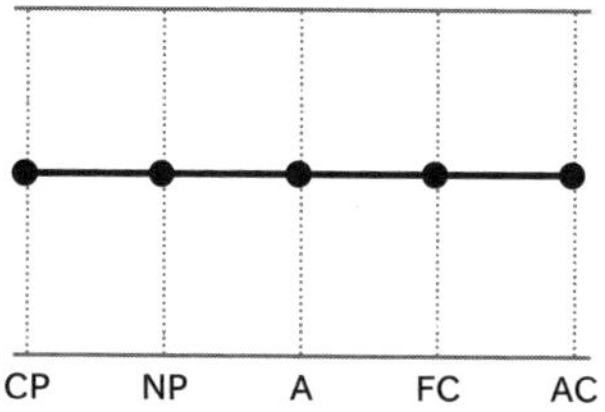

個性発揮型

⑫親分タイプ→P195

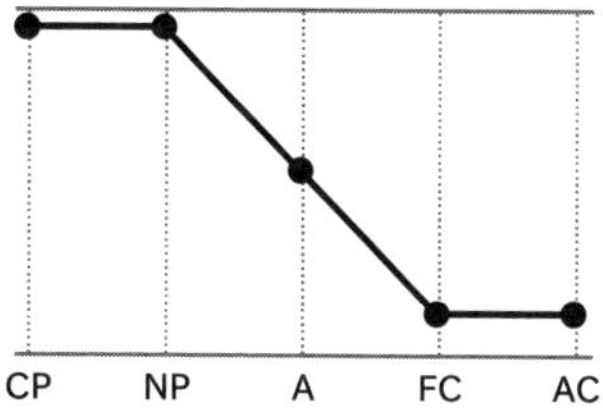

⑬子どもタイプ→P197

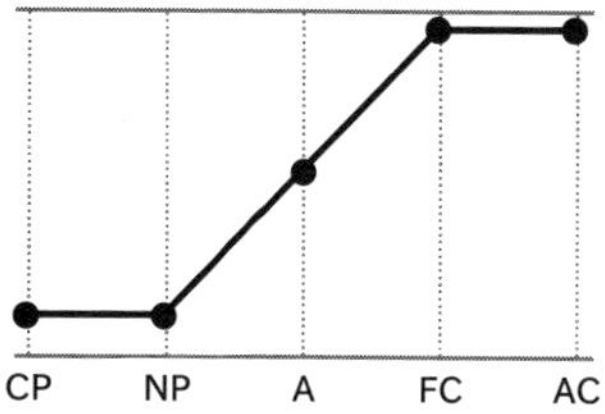

母性過多・過干渉型

❻楽天家タイプ→P180

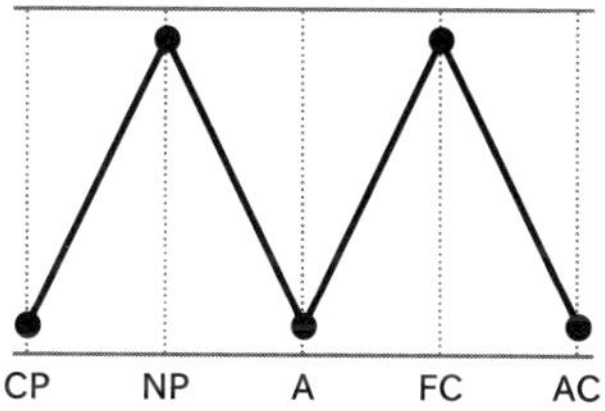

❼世話好きタイプ→P182

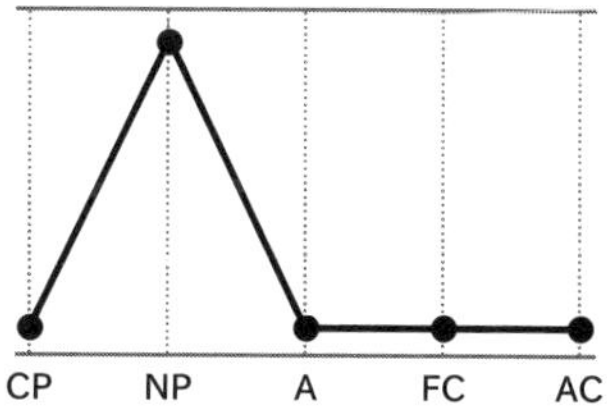

❽献身家タイプ→P184

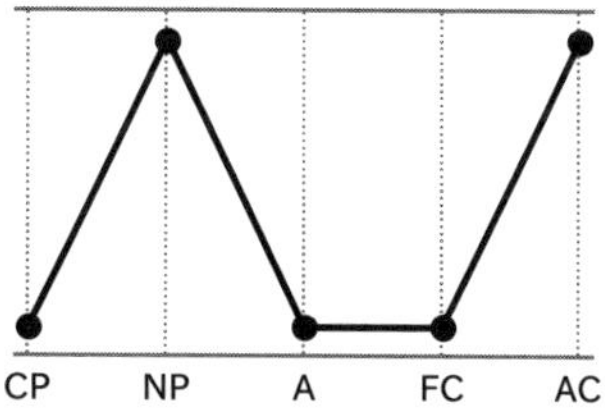

❾自他肯定タイプ→P186

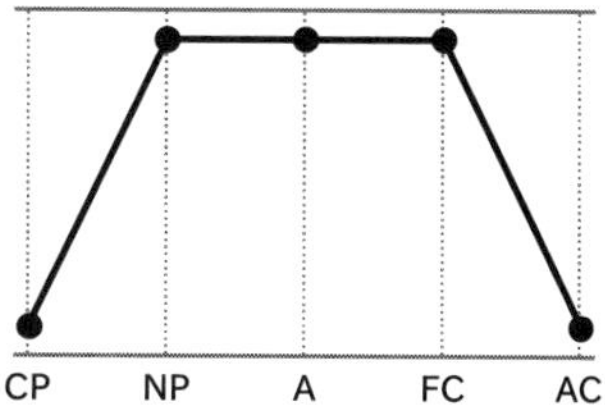

1 指示・命令重視型

このグループは、全体的に批判的なＣＰが高く、「〇〇すべきだ」という考えが強く行動に出るタイプです。子どもに対しては、「〇〇しなさい」という言葉を多発します。強い子に育てたい、躾《しつけ》をきちんとしたいという思いからでしょう。昔は父親に多く見られましたが、最近は母親にも少なからず存在します。子どもは常に指示、命令を与えられているため、順応してＡＣが強くなり、ストレスのたまっていることが多いのが特徴です。

❶公務員タイプ（形の特徴・Ｗ字型）

論理的だが遊ぶのが苦手、子どもに敬遠される

162ページの図でわかるように、グラフがWの字に似ています。この場合は、CP（批判的「親」）、A（成人）、AC（順応の「子」）が高くて、NP（保護的「親」）とFC（自由の「子」）が

低くなります。

これはどういう人かというと、批判的なCPが高く自分の人生観、価値観を大事にする人です。自分で決めた枠《わく》組《ぐ》みをしっかり持っているので、子どもがその枠組みに合っているかどうかがとても気になります。気になると同時に成人としてのAも高いので、子どもを叱る場合はひじょうに論理的に説明し、いわゆる理屈ぜめにします。叱られた子どもはその場ではグウの音も出ません。逃げ道がないのです。

一方、この人は順応性のACも高い、つまり他者の心の動きに左右されやすいので、自分の価値観を押しつけて子どもを叱りつけはしたものの、子どもが自分をどう思っているかが気になります。また、妻（もしくは夫）はどう思っているか、世間はどう思っているかと気に病《や》むタイプです。

弱いのは、子どもの気持ちを深く理解してあげる優しさ、大らかさ、明るさです。保護的なNPや自由な心のFCが低く、愛情や子ども心の機微がわからないために、子どもの立場に立って話を聞いてあげること

が苦手です。

この公務員タイプは男性に多い傾向がありますが、このタイプのお父さんから「子どもが近づいて来ない」と相談を受けたことがありました。小学校一年生の男の子を持つ市役所の係長さんでした。

「私は子どもがかわいくてしかたがないんですけれども、子どもは私をいつも避けているようなんです。いったい子どもが何を考えているんだかわからないんです」

CP（批判的「親」）の高い父親を持つ子どもは、順応のACが高く、人の言うことばかり気にする傾向があります。そりゃそうでしょう。CPで押さえつけられればACで順応していないと家庭の中はおさまりませんから。しかし、子どもの心の中には不満がたまっているに違いないのです。しかしその不満を、CPが高く自由なFCが低い父親には言えないという図式です。ですから、子どもは父親には近づかないのです。近づいても叱られるだけなのですから。

しかし、父親はそれが気にかかるというわけです。いざ一緒に遊ぼうとしても、父親のほうは照れるし、子どものほうも遠慮するしで、ぎこちなくなってしまうのです。そこで私は、「月に一度、お子さんと遊園地へ行ってください」と提案しました。遊園地ならお父さんと子どもが、自由なFCの状態でつき合うことができます。

このお父さんのように、子どもが小さいうちに関係の悪化に気づき、その修復に努力すればよいのですが、そのまま子どもが反抗期を迎える中学生までほっておいたら、大変なことになったでしょう。また最近では、このタイプのお母さんも増えています。くれぐれも注意しないと、今の二倍も三倍も、いや一〇倍ぐらいのエネルギーと時間をかけないと人間関係の修復ができなくなります。何事も、あとからの軌道修正は大変なのです。

企業研修で、いろいろな企業のセミナーに出かけて行って、エゴグラムを書いてもらうことがあるのですが、このタイプは公務員に一番多く見られました。部下には論理的にけっこう厳しいことを要求するのですが、ACの順応性も高いので、上役にはハイハイとイエスマンになります。見ていると、上役に対しては論理は使わないようです。部下から見ると、「なんだ!? 調子がいい」なんて思われる場合があります。

子どもがこの公務員タイプ（子どものエゴグラムも本人が書くとよい。親が書くと〝親から見た子ども〟のエゴグラムになってしまう）の場合は、小さい頃はACで順応しながらも、反抗的な気持ちを奥に秘めていて、やがて親を批判的なCPの心で見るようになります。そして理屈で親に反抗してきます。また成人の心のAが高く冷静に物事を見る眼も持っているので、その理屈はかなり理路整然としていて、親がタジタジになるというケースも見受けられます。

この公務員タイプのように、自由な心のFCが低くて順応のACが高いということは、どうしてもストレスがたまりやすくなります。そのうえ、批判的なCPも高いというのは特にストレスため込み型です。自分の枠組みはしっかり持っていてポリシーがはっきりしているのですが、順応のACゆえに、CPを押さえ込んでしまい、FCが低いためにストレス解消もうまくできないことが多いのです。

②評論家タイプ（形の特徴・CPとA突出型）

我が道を行く頑固者で、やさしさに欠ける

CP（批判的「親」）とA（成人）が高くて、あとは低い。自分の基本的な考え方をしっかり持っていて、しかもそれをひじょうに論理的に説明できる人です。Aが高いので、ときと場合によって、頭では今は妥協したほうがいいなとわかってはいても、AC（順応の「子」）が低いためにそれができない。頑固者で自説を曲げない、我が道を行く学者や教師、評論

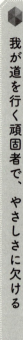

家に多いタイプです。

議論好きで、「自分がいかに正しいか」ということを延々と述べたてます。公務員タイプとともに、女性に少なくて男性に多いタイプです。

たとえば夫婦ゲンカをして、話し合いをした場合、その目的は二人が仲よくなることであるはずなのに、延々と正しいのはどちらかという議論を始めたりします。その結果、またケンカが再発してもかまうことはない。とにかく自分が正しいことを証明しないと気がすまないのです。

ですから、結局、終わってみると「話し合い」なんかにはならず、負けたほうは、ただ議論に屈服させられたという感情的恨《うら》みを持つだけになります。そのため、その場は一応おさまったように見えても、また同じ問題が再燃したりします。

感情の部分で解決することに照れてしまうのです。「いろいろあったけど、私はあのとき、ほんとは嬉しかった」と言えばすむことなのに、その一言が言えないのです。

③自信家タイプ（形の特徴・いびつな逆N字型①）

自分は出世するが、子どもの教育に失敗しやすい

ＣＰ（批判的「親」）とＡ（成人）とＦＣ（自由の「子」）が高い人。つまり、批判精神が旺盛《おうせい》な大人でありながら、子ども心にも満ち満ちています。以前、世界的コンピュータ会社のＩ社で企業研修をしたおり、本部長クラスの人にこの自信家タイプが多く見受けられました。自分の枠組みがあり、論理的で、思ったことを人に気兼ねせずポンポン言う。自分に自信のあるタイプで、社会的に成果を上げている人が多いようです。またこのタイプの部下は、内心反発したい気持ちがあっても、容赦なく理論でやっつけられてしまうので、反感を呑み込んでしまいます。「本部長に言ったって仕方がないよ」とあきらめてしまいます。

Ｉ社の秘書約一〇〇人のエゴグラムを調べてみますと、ＡＣ（順応の「子」）がひじょうに高いという結果が出ました。自分の言いたいこと、やりたいことを我慢して順応していくタイプです。そういう人が秘書という仕事に向いているからなのか、あるいは自信家タイプの上司につかえているためにそうなったのかはわかりませんが、とにかく自信家タイプ

の上司の下では、ＡＣが高くないと勤まりません。こういうタイプが父親で、純真な子どもも心であるＦＣがともにうまく発揮されているときは、父子とも実に楽しそうにワイワイ一緒に遊んでいます。

ところが、一つ考えが合わなくなると完全に決裂です。父はカーッとなって子どもに有無を言わせずどなります。子どもは恐れをなして仕方なく黙り込み、順応していきます。

こんなとき、母親は言うでしょう。

「お父さんはああいう人なんだから、お前、あやまってしまいなさい」

成功した父と、その子どもが物心ついて自分の生き方に主張を持ち始めたときに、激しい親子ゲンカを起こしたりするパターンです。父は叫びます。

「勘当《かんどう》だ！　明日から金輪際《こんりんざい》、うちの敷居はまたぐな!!」

互いに愛情を持って接してきた親子だけに、なおさらその二人の心の亀裂には激しいものがあります。こういう場合は、お母さんのフォローの仕方がモノを言

います。しかしお母さんがいつも、「ほんとにあの人はいつもああで、勝手なんだから。私は今まで何度泣かされてきたことか」などと愚痴《ぐち》るようだと、子どもは父を尊敬できなくなります。

このタイプの場合、お母さんが子どもの言い分をじっくり聞いてあげ、それをお父さんに伝えてあげましょう。子どもの言い分にもかならずいくらかの理はあるもので、それがわかっているか否《いな》かで、子どもへの接し方がまるで変わってきます。

またこのタイプのもうひとつの特徴は、魅力にあふれた人物像として、必須《ひっす》な重要ポイントを全部備えている「遊び人」の特性です。

自分の枠組みを持っていて（批判のCP）、論理的に損得を計算する頭の回転が早い（成人のA）。そして、「君のうなじはきれいだね」とか「その瞳に見つめられると世界一幸福な気分になれる」など歯の浮くような甘い言葉が平気で言える（自由のFC）。

他者の心の動きに敏感な順応のACが高いと、相手の目を見てこんなセリフなどとても言えません。また、保護のNPが低いので、愛情がやがて冷めてサヨナラを言う時も平気です。相手がかわいそうだと考えていたら手が切れません。そこはNPの低さと、ACの低いこだわりのなさで、非情にサヨナラが言えるわけです。ただし自分では非情だと思っていないので、よけい始末に悪いわけです。

こういう人を愛してしまった女の人は、あっけない別れを初めから覚悟することです。また子どもがこの傾向が強いと、後年、まことに冷たいあつかいを受けたりしますから、心する必要があります。

❹下町の職人タイプ（形の特徴・いびつな逆N字型②）

自分では竹を割ったような性格と思っているが、周囲は迷惑

CP（批判的「親」）とFC（自由の「子」）が高く、NP（保護的「親」）とA（成人）、AC（順応の「子」）が低い。つまり、無邪気だが批判的な性格で、やさしさや順応性が低く、おとなげないタイプです。

自信家タイプとほとんど同じで、やはり自分がこうだと思ったこと（CP）をあたりかまわずポンポン言う（FC）。ところが、自信家タイプと違うのは、言うことに論理性が欠けている点（低いA）です。だからそのことを誰かに指摘されても、冷静に受け取ることが

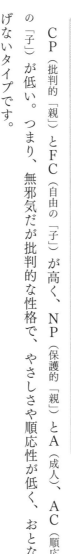

できません。

「うるさい、黙れ、理屈を言うな！」と言って、コミュニケーションを断ち切ってしまうようなことが多い。自分では竹を割ったような性格だと思っているのですが、まわりの人は迷惑している場合が多いようです。

よく言うと、ひじょうにさっぱりした性格で、いいオヤジさんやオフクロさん。根に持たないでカラッと陽気。しかも順応のACが低く、他人の目が気にならないため、いじけたり、媚《こ》びへつらったりがない。こういう父親の子どもは、迷惑を受けることに慣れてきます。

「ああ、またやってるよ。しょーがねえなあ。いつも、言いたいこと言ってんだから。バカじゃないか」と親をバカにしつつも「憎めない親だなぁ」と思っていることが少なくありません。

⑤ため込みタイプ（形の特徴・U字型）

我慢をしてストレスをためる、家庭内暴力誘発型

CP（批判的「親」）とAC（順応の「子」）が高い。そのため自分の枠組みを持っているけれど、それを抑え込む気持ちもひじょうに強い。それに加えてA（成人）が低く、人間的成長が遅いために、状況を見ながら判断していくことが苦手で、どうしたらいいかわからず悩んでしまうタイプ。自分を表現することが少なく、いじけてしまうことがあります。

私は、管理職の研修では、「部下にこのタイプの人がいたら気をつけるように」と注意しています。いわば、去り際に「月夜の晩ばかりじゃないよ」とか言い放つタイプで、周囲の知らぬ間にストレスをため込み、突然爆発する可能性があるからです。

こういうタイプの親を持つ子どもは、親に似てくることが多く、自分が悪くなくても「ゴメンナサイ」と、すぐにあやまってしまうような暗い性格の人間になりがちです。これを過剰適応というのですが、私が教えていた小学五年生の真知子《まちこ》ちゃんがこのタイプでした。こういう子はなぜかイジメの標的になる要素を持っています。真知子ちゃんは、他の子が

悪いときでも自分から「ゴメンナサイ」とあやまってしまうのです。

「なんで、君は自分で何も悪いことをしていないのにあやまるんだ!?」

私が思わず腹を立てて叱っても同じ。ACが高く、柔順さが目立ちすぎると、人の攻撃心を誘ってしまうのです。

また、悟《さとし》君という中学二年生は、いやなことがあるとすぐ母親に暴力をふるう少年でしたが、原因は母親のほうにもありました。悟君が暴力をふるうと母親はオロオロするばかりで、怒りもせず叱りもしなかったのです。そんな順応のACが高い母親を見ていると、ますます悟君の攻撃性が刺激されて母親への暴力がエスカレートしていく、ということの繰り返しでした。

このように、親の性格がひじょうに強く子どもの性格形成に影響を与えるのです。

一般的に、親のCP（批判）が高すぎると子どものAC（順応）は高くなり、親のACが高すぎると子どものCPは高くなります。つまり、強い親の子は卑屈になりやすく、言い

なり放題の親の子は暴力的になる傾向が強いのです。交流分析の用語で、〝スタンプ・コレクション〟という言葉がありますが、これは、「感情のスタンプ集め」とでも言えばいいでしょうか。

まず人間の感情を二つに分けます。いやな感じ・ネガティブな感情を「グレー・スタンプ」と名づけ、いい感じ・肯定的な感情を「ゴールド・スタンプ」と呼びます。

このスタンプを心の中のスタンプ・ブックに貼りつけていくのですが、ため込みタイプの人は、「グレーのスタンプ」を集めたり悲観的になることがどうも好きらしい。いやなことがあっても発散しないで、呑み込んでしまい、「グレー・スタンプ」をどんどんため込んでいきます。

普通は、一ページ分くらい「グレー・スタンプ」がたまると、お酒を飲みに行ったりしてワァーッと発散するのですが、このタイプの人はこれをしない。スタンプ・ブックを何冊も何冊もため込んで、大きな景品と換《か》えようというわけです。

ところが、こういった人の大きな景品というのは、あまりいいものではない。そこで何か事件が起こったりする。「あんなにおとなしい人が……」という場合は、たいていこの「グレー・スタンプ」の集めすぎ。一ページたまったら、何か小さな景品と交換（外で親の悪口を大声で叫ぶなど）しておけばいいのです。しかし、それができないところにこのタイプの人の悲劇性があります。

では、こういう人はどうやって自分の性格を直せばいいのでしょうか。

とにかく、無邪気な心と社会人としての自覚を深める。つまり自由な心のFCと成人としてのAを高めればいいわけですが、無邪気さだけが先に高まってしまうのは問題です。本人は気が楽になるのですが、ただ単なる「勝手な奴」になってしまって、周囲からの反発がよけいに強くなってしまいます。したがって、まずAである社会人としての自覚を高めることから始めなければいけません。Aを高めてから、FCを高めるというツー・ステップを踏むわけです。

成人のAが低いということは、物事に対する反応の早さによって現われます。人から何か言われたときに、すぐ怒ったり落ち込んだり、すぐ立ち直ったりします。言われたことの中身や状況、関係している人たちの立場などを充分に考えて判断できないのです。

Aを高めるには、反応を起こす前に一、二、三と心の中で一〇くらいまで数えて、とにかく待ってみる訓練が必要です。とにかく、クイック・レスポンス（早すぎる反応）をしない。一度、心の中で復唱してから話すことです。また、具体的に私がやって効果があったのは、日記を書くことでした。自分を第三者に見立てて、その日あったことを客観的に記《しる》していくのです。感情の捌《は》け口ではなく、自分が取った行動を事実として書いていきます。

「今日は、竹下君と山田君が、バカと言ったので、私は腹が立って、お前の母さんデベソと答えて胸がすっきりした」と書くところを、次のように客観的に書き記します。

「お前は（自分のこと）、竹下君と山田君にバカと言われて、お前の母さんデベソと答えたが、それでよかったんだろうか。彼ら二人は、とってもいやな顔をしていた」

このように「私」という言葉を使わずに、もう一人、別の自分を仕立てて書くのです。

毎日こういうふうに日記をつけていると、日々の行動を起こすときに、待てよと少し間《ま》を置いて考える習慣ができます。このように成人としてのAを高めて自分をコントロールできるようになったあとで、今度はそれとは対称的な自由気ままなFCを高め、純真な心を育てる訓練をするのがいいでしょう。親の自我のPと子どもの心のCは、親の影響をひじょうに受けやすい部分なのですが、Aは自力開発部分で、まわりの状況を見ながら自分で身につけていきます。ですから、自分で心がければ意外に簡単に高めることができるのです。

2 母性過多・過干渉型

母親に最も多く見られるタイプです。批判的ＣＰよりも保護的ＮＰが高いので、かくあるべしという考えよりも、かわいそうだ・見過ごせないといった感情で行動しがちです。長期的な展望を持つことが苦手で、近視眼的になりやすい。やさしい性格なので、子どもは自由な心のＦＣが解放されやすく、伸び伸びと育つことが多いのも特徴です。ただし厳しく叱ることができないため、躾《しつけ》は苦手でなりゆきに任せるようなところがあります。

⑥楽天家タイプ（形の特徴・Ｍ字型）

やさしく楽天的だが、家の中は片づかない

エゴグラムがＭ字を描く、保護のＮＰと自由のＦＣが高い楽天家タイプは、やはり女性に多く見受けられます。このタイプのお母さんは成人としてのＡが低く、社会性が育っていないので、たとえば家計簿をつけるのが苦手です。サラリーマンの家庭なら、給料日前にお金がなくなってしまったりします。欲しいものがあれば衝動買いしてしまって、あとからどうしようと悩むタイプ。

CPの要素である〝こうすべきだ〟という心が低いので、家庭は全体的にけじめがなくだらしのない状態で、家の中も散らかる傾向があります。洗濯も、着ていく服がなくなるのでやむをえずするという具合い。家事に計画性がないので、買い物に出ても、「あら、おしょうゆを買ってくるの忘れたわ」とか「トイレット・ペーパーがなくなってる」と、何度もムダにお店へ足を運んだりしています。

しかし、この楽天家タイプの場合、本人は幸福なのです。家庭も明るい雰囲気でしょう。今日も玄関の前をはく時間がなかったとか、燃えないゴミの日だったのにゴミを出すのを忘れちゃったなどと気に病んだりしません。こういう人はノイローゼにはなりません。いつの間にか隣りの奥さんが掃除しておいてくれたり、ゴミは今度出せばいいんだから、ゴミぐらいで死ぬわ

けじゃなしと呑気《のんき》に構えています。

ただ、ご近所やお姑《しゅうとめ》さんから、「あの人、だらしがなくって嫌ね」と思われてる可能性は大です。そのぶん、子どもがしっかりする場合もあります。「うちのお母さん何にもできなくてしょうがないんだから」と、逆にまめまめしく動く娘が育ったりするので、神経を使いすぎる母親よりは副作用が少ないと言えます。

⑦世話好きタイプ（形の特徴・NP突出型）

世話好きだが、人の意見に耳を貸さない古風な母親

NP（保護的「親」）だけが高く、他の要素は低い母性本能一辺倒型で、男性にはほとんど現われないタイプですが、最近では女性にも少なくなっているようです。

世話好きタイプのお母さんは、困っている人がいると見過ごせません。とにかくかわいそうだと思ったら、その感情に従って行動してしまいます。そのため長期的な展望や計画性といったものとは無縁で、子どもに対しても、一貫した教育方針を持てません。

子どもを叱る場合でも、叱っているうちにかわいそうになって「いいのよ、いいのよ」ということになりがちです。しかし、ある一面では頑固なところもあります。順応性を示すACが低いために、あまり人の意見に耳を貸そうとしないのです。さらに成人としてのAが低く、社会的トレーニングもあまりされていませんから、話し合って冷静に判断することも苦手です。

母親としてはきわめてやさしいお母さんですから、子どもが小さいときはうまくいきます。ただ、子どもが精神的に自立し始めると、反発されることが多くなります。ことに中学生くらいになると、あれやこれやと世話をやくうっとうしさや、非論理的な行動パターンを攻撃される可能性が高いので、心する必要があります。

❽献身家タイプ（形の特徴・N字型）

親に夫に子に従う「イヤ」と言えない人

NP（保護的「親」）とAC（順応の「子」）が高い。徹底したやさしいお母さんタイプで、当然女性に多いわけですが、近年では男性にも結構見受けられるようになりました。とことんいい人で、何か頼まれるとけっしてノーと言えません。

親に従い、夫に従い、老いては子に従いという、今まで日本では最も好ましいとされてきた女性のタイプです。日本のお母さんの苦労物語では、たいていこのタイプのお母さんの話が出てきます。ただし、このタイプの人は管理者には向きません。いい人なので、部下に厳しいことが言えずに、けじめがつかなくなりかねないからです。

なぜ厳しいことが言えないかというと、理由は二つ。一つは、保護的なNPが高いために、あまり厳しいことを言うと相手がかわいそうになってくるのです。そして、順応のACが高いため、自分さえ我慢すればそれですむことなんだからと、自分だけが耐えようとします。

また、部下に厳しいことを言った場合、相手や周囲の人が自分のことをどう思うかが気になってしまうのです。意志決定において体面《たいめん》や世間体《せけんてい》といったものが大きなウエイトを占めます。

この献身家タイプの女の人は、自信家タイプ（170ページ参照）の旦那さんに仕えるとひじょうにありがたがられます。自信家タイプの旦那さんが理不尽なことを言っても、奥さんが「はいはい、わかりました、わかりました」と、献身的に言うことを聞いてくれるからです。

子どもに対しても同じです。果たしてそれが本当に子どものためになるかどうかというよりも、頼まれたことを断わって子どもにいやな顔をされるのがこわい。言い換えれば、無意識のうちのいい人になりたいという願望が強いのです。

しかし、とかく子どもに対して過干渉になりやすく、「こんなにかわいがって何でもやってるのに、なぜ言うことをきかないの」と、自分一人で犠牲者になってしまうことがあります。

⑨自他肯定タイプ（形の特徴・台形型）

社会的訓練を受けた女性に多いが、男性としては線が細い

NP（保護的「親」）、A（成人）、FC（自由の「子」）が高い。優しくて明るいしっかり者のお母さん、健康的な女性によくあるタイプです。

成人としてのAの高さゆえに、計画性があり、その場の状況判断もできる。一方、保護的なNPが高く、批判的なCPが低いので、あまり厳しいことは言いづらい。言わないとどうしようもないと判断した場合だけ、やむをえず厳しい態度をとる。だから、言えないといってうじうじ悩むことはありません（順応のACは低い）。ここぞというときは断固、心を決めてスパッと言えます。

この場合、CPの命令的な説教口調と違い、NPのあたたかさ、Aの冷静さ、FCの明るさで言うので、相手が聞く耳を持った素直な人ならば、思いやりのあ

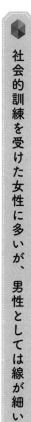

る忠告となるでしょう。このタイプは、一般的な女性に多い楽天家タイプ（180ページ参照）の成人としてのAの要素を引き上げた形ですが、最近ではわりと多く見られます。女性の社会進出にともない、会社や現場で社会的な訓練を受けて、Aの成人度が高まるケースが多いためでしょう。

ただ、CP（冷静さ、批判する心）が低いわけですから、強烈なリーダーシップを発揮したり、自分で仕事を開拓していくことは少ないようです。このタイプは、女性としてはきわめて健康的なタイプなのですが、男性だと欠点が表面化する場合があります。自由な心のFCが高く順応性のACが低い、つまり無邪気だが柔順でないというエゴグラムは、わがままで協調性に欠けていることを意味します。しかも論理的なCPが低いので、自分なりの強い価値観を持っているわけではありません。結果として、いい人なのだがなんとなく線の細い、男性像ができあがってしまう可能性があります。

3 安定・円熟型

ＣＰ（批判的「親」）、ＮＰ（保護的「親」）、ＦＣ（自由の「子」）、ＡＣ（順応の「子」）にほとんど高低差が見られないグループです。一応、一つのグループにまとめましたが、Ａ（成人）の高低および、エゴグラム全体の高低により、かなり異なった性格を示します。エゴグラム全体のレベルが高い場合は、精神的エネルギーが高く、低い場合はその逆を意味します。そしてＡが突出して高い場合は冷静沈着、客観的と言えます。

⑩理屈優先タイプ（形の特徴・Ａ突出型）

事実やデータを重視する理論派で、人情味に欠けドライ

Ａ（成人）が突出して高く、男性的なエゴグラムと言えます。日本の女性には、ほとんどいないと思ってよいでしょう。アメリカなどではＡをひじょうに重視する傾向があり、訓練によってAの成人度を高めるということがさかんですので、男まさりのキャリア・ウーマンのなかにはこのタイプが見られます。

私たちは、生きていくうえで、さまざまな選択を行なっていますが、それらは、P（親）、A（成人）、C（子）のどの部分から出ているのでしょうか。交流分析では、Pでする決意を「べき論的決意」と呼びます。正しいか正しくないか、つまり、そうすべきか否《いな》かが選択の基準となります。また、Cでする決意を「欲求論的決意」と呼びます。自らの自然な欲求が選択の基準となります。いわば好きか嫌いかという基準です。そしてAでする決意を「必要論的決意」と呼びます。現実の状況の中で必要か不必要かが選択の基準となります。

この理屈優先タイプの意志決定には、Pの「べき論」もCの「欲求論」もまったく入る余地がありません。つまり、CP（批判的「親」）による自分なりの価値観・批評眼も持たず、NP（保護的「親」）による「あいつをそろそろ上にあげてやらないとかわいそうだから」などという温情や愛情もありません。さらにFC（自由の「子」）による無邪気な欲求も、AC（順応の「子」）の「こ

う言ったら部下がさぞ嫌な顔をするだろう」といった他者を思いやる気持ちも考慮しません。

このタイプの人間にとって大事なのは、今現実に、会社の生産性を上げるためには何が必要で、何が不必要なのかをデータから判断することです。

私が研修を行なったI社の方々は、ひじょうにAの成人度が高かったのですが、論理の組み合わせで動くコンピュータを相手にしているのですから、当然と言えるかもしれません。I社のエリートには、170ページで紹介した自信家タイプと、この理屈優先タイプが多く見られました。

⑪円熟もしくは無気力タイプ（形の特徴・一直線型）

エゴグラムの高さが、円熟か無気力かを分ける

今までは、CP（批判的「親」）、NP（保護的「親」）、A（成人）、FC（自由の「子」）、AC（順応の「子」）を相対的に見て、高い低いと述べてきましたが、このような一人の人の心の中の

エネルギーの配分量の比較だけではなく、人には絶対的なエネルギー量の違いがあります。たとえば自信家タイプ（170ページ参照）のXさんの低いNP（保護的「親」）のほうが、献身家タイプ（184ページ参照）のZさんの高いNPよりも、エネルギー量は高いということもありえるわけです。このエネルギー量は、タテ軸で表わされます。上へ行けば行くほど心的エネルギーは高まり、下へ行けば行くほど心的エネルギーは低くなります。

そのためグラフが一直線になるこの円熟もしくは無気力タイプは、すべてが上のほうにあるのか、下のほうにあるのかでまるで違ってきます。たとえば下のほうにあるなら、すべてにわたって絶対的にエネルギー不足。何に関しても感動というものがありません。

最近、こういう〝無感動症〟の子どもが増えていると感じます。そもそも、心の欲求がないのです。母親が過干渉の場合、子どもは自分で感情を持つことを否定されてしまいます。何かひとつ行動を起こして失敗した場合、母親の言うことは決まっています。

「ほら、やっぱりダメだったでしょう、お母さんが言ったとおりでしょう」

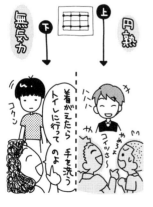

このように否定されることが続くと、子どもは何もしないことが親の望みなのだと学びます。家から外へ出るとき、「ほら、寒いから洋服を余分に一枚着て行きなさい」「外へ出るとあなたはいつもトイレに行きたくなるのだから、家でして行きなさい」「朝ごはんから四時間もたったからそろそろお腹《なか》がすく頃よ、ご飯を食べなさい」と、いつも先回りするお母さん。寒い、おしっこがしたい、お腹がすいたなどと感じる間がありません。

お母さんは子どもから感じることを奪っているのです。やさしい口調の裏には「あなたは何も感じなくていいの、お母さんが代わりに、みんな感じてあげます、あなたは成長せずに、ずっと今のまま私のお人形でいてちょうだい」というメッセージが隠されています。子どもは敏感にそれを感じ取ります。そして何も感じず、何もせず、お人形のようにお母さんの言いなりになっていきます。そのほうがお母さんが嬉しそうな顔をするからです。

その極端な例をお話ししましょう。

「この子は何もできなくて。ほら、おじさんが聞いていらっしゃるでしょう。ハイと大きな声で答えなさい。元気よく、ね」

カウンセラー室に連れて来られた子どもは生気がありません。何をするにも母親の促《うなが》しを待っています。「帽子を取ってごらん」と、私が言っても、彼は母の顔色からイエス、ノーの信号を読み取ることに必死です。

「そう、取るのよ」

お母さんの促しがあって初めて彼は帽子を取ります。自分の意志を、欲求を、感動を奪われてしまっているのです。これでは、何のためにこの世に生まれてきたのかわかりません。ごく自然で無邪気な子どもの欲求であるFCすら、奪われてしまっているのですから。

こうした下のほうの一直線タイプ、無気力、無感動、病気で言うなら鬱病《うつびょう》タイプの子どもが急激に増えています。

一方、上のほうの一直線タイプは、すべてにわたってエネルギーが充満しています。人間として温厚で円熟しており、静かに見えても心の中に脈々と熱情がたぎっています。このタイプは、やはり若い人には少なく、ある程度の年齢に達した男性に見られます。自分の価値観をしっかり持っていながら、周囲の人ともうまくやっていく社会性もあります。

しかし、ときとして、「つかみどころがない」という印象を持たれます。それは、物事に反応するときに、自分の心の中でCP、NP、A、FC、ACのすべての要素が議論をし、その結論が行動となって現れるからです。その際、議長となってイニシアチブを取るのは、大人の心つまりAです。したがって喜怒哀楽が行動に現われる場合でも、それはA

によってコントロールされたものなのです。

　こういうタイプの人は、性格的にほぼ問題がないと言えるのですが、お酒が入ったときなどは話が違ってきます。よくお酒を飲むとガラリと変わる人がいますが、これは分別あるAが働きを休止するために起こる現象で、まるで子どものように無邪気に行動したりします。ふだんは、人格円満で老成した感じのする人だけに、その落差に周囲の人はびっくりしたりします。ただし社会的トレーニングが積まれているタイプですから、限度をわきまえているはずで、心配はいらないでしょう。

4 個性発揮型

心の成長の順番は、ＦＣ（自由の「子」）→ＡＣ（順応の「子」）→ＮＰ（保護的「親」）→ＣＰ（批判的「親」）→Ａ（成人）というのが一般的です。ＦＣとＡＣの成長だけで止まってしまうと、子どもっぽい大人になります。逆にＦＣとＡＣが未発達のまま、あるいは押さえ込まれて他が発達すると、いわゆるボス的な性格になります。これが吉と出るか凶と出るかは、社会生活ではＡの高低にかかってきますが、いずれにしろ〝個性的〟ではあります。

⑫親分タイプ（形の特徴・左上がり階段型）

厳しく、かつ面倒見もいいが、頑固で協調性に欠ける

全体的に、Ｃ（子どもの心）に較べてＰ（親の心）が高い人です。批判的なＣＰも愛情の度合いを示すＮＰも高い。成人としてのＡの高低にかかわらず、これは親分肌のタイプです。

厳しく命令する代わりに面倒見もいい。オレについて来いと子分をいっぱい引き連れて一家を成します。政治家や組織のトップに向く性格で、日本の高度成長期に首相を務めた田中角栄《たなかかくえい》がまさにこのタイプでしょう。

一方、批判的なCPが高く、柔順性を示すACが低いので、頑固で協調性に欠ける面があり、組織内では敵味方を明確につくってしまう傾向があります。しかもNPが高く愛情豊かということになると、その面倒見のよさは味方に対してのみ集中的に発揮されることになりますから、派閥が形成されるのは自明の理です。

親としては、父親的な要素と母親的な要素をともに充分持ち合わせているわけですから、子どもが子どもとしてふるまっている限り、うまくいきます。しかし、子どもが一人前になってからも、ずっと子ども扱いをしてしまうために、うっとうしがられたり、無視されたりする危険もあります。

このタイプの人は、一般に組織の一員として生きていくのが苦手で、サラリーマンにはあまり向きません。ことに成人としてのAが低い場合には、上司などと衝突しがちです。脱サラをして独立していく人によく見られるタイプです。

⑬子どもタイプ（右上がり階段型）

成長途中の子どもに見られるが、加齢とともに変化する

これは、親分タイプの逆で、C（子どもの心）ばかりが高いタイプです。大人になりきれない子どもそのままの、このタイプの若者が今増えているようです。親が親分タイプだと、子どもはえてしてこのタイプになりがちです。逆に親が子どもタイプだと、子どもは親分タイプになりがちです。

アメリカのある会社で、親分肌の重役に仕えるマネージャーと、子どもタイプの重役に仕えるマネージャーのエゴグラムを調べたところ、どちらからも優秀なマネージャーが育ったという結果が出ました。

なぜなら、親分肌の重役に仕えたマネージャーは、あの人についていけば大丈夫だ、一

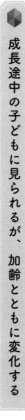

生懸命ついていこうとがんばって成長します。理不尽な無理難題も、重役のためと努力したのでしょう。一方、子どもタイプの重役に仕えたマネージャーは、あの人に任せておいたら大変だ、自分がしっかりフォローしてあげないといけないと、先手先手を打つ努力をしたのです。

まるで笑い話のようですが、これは事実です。もちろん、それらの重役に仕えていたマネージャーすべてが、そうなったわけではありませんが。

さて、このタイプは子どもそのままと述べましたが、子どもなら、ほとんどすべてこのエゴグラムになるというわけではありません。子どもには子どもなりのＣＰ（批判的「親」）やＮＰ（保護的「親」）やＡ（成人）があってしかるべきで、子どもだからＦＣ（自由の「子」）とＡＣ（順応の「子」）だけが高くて当たり前というわけではないのです。

ただし、このタイプに見られがちな欠点は、加齢とともに徐々に解消されていくのが普通ですから、あまり深く考える必要はありません。子どもの心を持つＦＣや順応のＡＣの高さがよい方向に出ているかどうかに注意すべきでしょう。

親の批判的CPが強すぎると、子どもは自発性を失う

さて、交流分析による人間のタイプを13のパターンに分けて述べてきましたが、もちろん、それぞれの人間がこれほど単純に色分けされるわけではなく、生身《なまみ》の人間ですから年代によって、環境によって、立場によって、そのときどきでいろいろなタイプを使い分けたりもします。恋人といるときは献身家タイプ（184ページ参照）だが、仕事をするときは自他肯定タイプ（186ページ参照）に近い、というふうに自然に自分を演出していたりします。対する相手によっても変わってくるでしょう。家庭内においても、ビジネスの場においても、おのずとさまざまな交流関係が形づくられていきます。

しかし、基本的には、159・160ページ以下の質問に答えて作成していただいたエゴグラムが、あなたの性格の傾向を現わしています。物事を批判的に観察するCPが高いということは、心のエネルギーがCPに流れやすく、物事にCPで反応しやすいということです。自分のエゴグラムを見て、自分の性格、物事に対する反応パターンをしっかり認識してください。

それでは、これをベースに子どもとの関係を見てみましょう。

あなたのお子さんは、AC（順応の「子」）が高いようですか、FC（自由の「子」）が高いよ

うですか？

先に述べたとおりＡＣが高いとすれば、それは多分、親のＣＰが高いことの証明です。親のＣＰが強すぎると、子どもは過剰適応を起こします。子どもにしてみれば、朝から晩まで高圧的に親の権利をふりかざされて、命令ばかりされていたら、とにかく親に従うことが一番大事なことで、無難なことなのだと思うようになります。自分で考えることをしなくなり、何事も親に相談します。いえ、この場合、相談というよりは、親におうかがいをたてるというほうが当たっているでしょう。

ところが、思春期になって自我が芽ばえ、友だちもでき、本も読み、自分の人生を考え始めたとき、今までの自分と親の関係に悩み始めます。今までの僕は一体何だったのだろうか、単なる親のロボットにすぎなかったのではないか、親は自分の世間体のために僕をいい大学に入れようとしているだけじゃないのか、親ができなかったことを僕にさせて自己満足をしようとしているのではないか、などと考え始めます。

そうなると、今まで過剰適応してＦＣ（自由の「子」）を押さえに押さえていただけに、爆発は大きいのです。まわりの状況を冷静に判断するＡの発達が遅れている場合、突然に幼児的な行動に出たりします。

自己嫌悪に陥《おちい》り、こういう自分を産んで育てたのは両親だ、悪いのは両親だ、今のこんな僕にしてしまった両親が憎いと、最悪の場合、親を金属バットで殴ったりという結果にもなります。

そんなとき、たいてい「あんなに素直でおとなしい子が……」という感想が出ます。しかし、もともとおとなしいのではなく、おとなしくさせられていたにすぎません。素直にならざるをえなかっただけなのです。これは批判的なＣＰの高い親が、子どもの気持ちを聞かず、自分の価値観を押しつけ続けた結果です。

子どもは親に従うのは当たり前と思っている親が多いようです。しかし心底《しんそこ》、親を尊敬し、親の言うことに納得して従っているのか、仕方なしに従っているだけなのかを知ることが大切です。交流分析では、これを〝気づき〟と呼んでいますが、子どもにやる気を起こさせたい、子どもとの関係を改善したいと思ったら、まず最初にこれがなくてはなりません。

エゴグラムは〝気づき〟のための材料なのです。

親の保護的NPが強すぎると、わがままな子が育つ

一方、愛情を示すNPが強すぎる親は、過干渉、過保護になります。そして自由奔放な無邪気さを示すFCがゆがんだ形で出てきて、俺の言うことは何でも通ると考える自己中心的な子どもが育ちます。

口やかましい親、つまり批判的CPの強すぎる親に育てられた子が、自分で考えることができないように、保護的NPの強すぎる親に育てられた子は、人を思いやることができないのです。人の痛みをわが身のことのように感じ、相手にやさしく接することを知らないで育ってしまうのです。

しかし、ほしいものがすべて手に入った子ども時代が過ぎて社会へ出てみると、思いどおりにいかないことだらけ。今まで何でも自分の思うようになったのに、いきなり大きな壁にぶつかります。普通は、家庭の中で父や母の壁にぶつかり、免疫ができているものなのですが、一度も親から禁止や命令をくだされたことのない子どもは、あまりにも勝手が違うので驚くばかりです。

会社に入って上司からどなりつけられ、その「叱られた」という事実にショックを受け

てしまいます。だから、叱られてもそのあとどういう態度をとればいいのか体験がないのでわかりません。それが上司から見れば、ふてくされた生意気な態度に見えます。本人は、あやまった経験がないのです。叱られ下手、どなられ下手のために、いたくプライドを傷つけられ、「こんな会社、辞める」と、簡単に辞表を出したりします。

上司にしてみれば、期待感をこめて悪いところを注意したつもりなのに、叱られた経験がないために自分の全人格、全存在を否定されたような気になってしまうのです。

家庭では、図体ばかり大きくなった半大人を、親はどうすることもできず、オロオロするばかり。子どもはそんな親を見てますます腹が立ってきます。本当は、心の底では叱ってほしいのです。親の愛情を感じてみたいのです。イライラした子どもは、家庭という自分の力が発揮できる小さな世界の中で、暴力をふるい荒れ狂います。保護的NPが強すぎる甘やかしは、いびつな愛情で、厳しく愛する心とは言えないのです。

第3章

生きてるだけで母親合格

母親の生き方を子どもは見ている

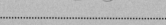

1 「潰《つぶ》す一言」を言ってしまったときには

言ってはいけない一言を言ってしまうことがある

「とてもためになりました。でも逆に恐くなって子どもに何も言えなくなってしまう！　そんな気持ちもわいてきました」

私が主催している「母親教室」を受講されたお母さんから、こんな意味の問い合せ・質問がありました。もっともなことで、普段使ってしまっている言葉のマイナスの影響力がわかると、おいそれとは言葉を使えなくなってしまう。また注意していても、思わず言ってしまったり、やってしまったりするのが人間で、そんなとき余計に「自分は母親として失格だ」などと思ってしまうものです。

そのため講演会などで「わが子を活かす一言・潰す一言」というテーマでお話しさせていただいたあと、最後にまとめとしてお母さん方にお伝えしていることがあります。

それは、このように「言ってはいけない潰す一言」を思わず言ってしまったときの対処の仕方についてです。

それは「思わず言ってしまったことに気づいたら、そのことについて正直に子どもに話す」ということです。もし悪いことをしてしまったと思うなら、「ごめんなさい」と子どもにあやまることです。そして、あやまったあと、本当に子どもに伝えたいことを正直に話すのです。これは簡単なようで、実は母親としてはとても勇気のいることです。お母さん自身の寛大さが必要なのです。

また、「母親教室」に参加した中野さんがこんなことを話してくれました。

小学校三年生の美都子《みつこ》と二人でケーキづくりをしていたときのことです。「注意しなさい」と言った矢先、美都子が卵を絨緞《じゅうたん》に落として割ってしまったのです。私は娘に注意深く行動する子どもになってほしいと思うのに、まさに反対のことが起こっているのを見て思わずカーッとなり、どなってしまいました。

「何回言ったらわかるの！　いつもいつも注意してやりなさいって言ってるでしょ！」

楽しかったケーキづくりが一転して重々しい雰囲気になってしまいました。その瞬間、美都子の顔を見るととても悲しそうな、そしてうらめしそうな顔をしていました。

「あ！　またやってしまった」と思ったとき、「母親教室」で教わったことを思い出しました。やってしまったあと、それに気づいたら正直にそのことを子どもに伝えるということ。私は大きく深呼吸をし、目線を美都子に合わせて、今にも泣き出しそうな美都子に勇気を出して伝えました。

「美都子ちゃん、ごめんね。お母さん、またカーッとなってどなってしまったわ。本当は美都子がお母さんを手伝ってくれようとしている気持ちはとてもうれしいのよ」

このときの美都子の表情が忘れられません。目がパッと見開いて、一瞬はっきりとうれしそうな顔を見せ、次の瞬間、目から大粒の涙を流して私にとびつきました。

「お母さん、ごめんね。これからは注意してやるね」

私の胸の中で、泣きながら美都子はこう言いました。正直で素直な美都子の言葉に私もびっくりしてしまいました。これまでどなってばかりいて、ずいぶんつらい思いをさせてきたんだろうなと思うと私も泣けてきて、二人しばらく抱き合って泣いていました。親が正直で素直になると、子どもも正直で素直になるんですね。

「またやっちゃった！」がサイン。お母さんも人間だから、「言ってはいけない！」とわかっていてもついついどなってしまう。どなってしまったあと、「あーあ、またやっちゃった！」

でも、ちょっと待ってください。「あーあ、またやっちゃった！」というのはとてもすばらしいサインなのです。なぜならやってはいけないことに気づいた、ということだから——。思わずCP（批判的「親」）でやってしまったけれど、そのあとA（成人）で気づいたのです。

気づかずにやってしまっているのとは、天と地ほどに違いがあります。これはすごいことです。そしてもっとすごいのが、中野さんのようにこのことについて子どもに正直に話すことです。悪いと思ったら、正直に「ごめんなさい」と言うことです。お母さんがこの正直さと寛大さを持っていて、子どもにそれを素直に言えたら、親子関係はまったく問題なしです。

これは、子どもにへつらうとかへりくだることではまったくありません。人間としての正直さと素直さで、子どもとかかわるということです。

そんな母親の姿から子どもが学びとっていくのは、「正直さと素直さ」そのものです。子どもが正直で素直になるには、親が「正直な素直な子になりなさい！」と言うことよりも、親がそう生きることなのです。

2 母親の「位置」が言葉を変える

「お前はホントにバカだね」でも、子どもはやる気になる

中学二年生の浩平《こうへい》君のお母さんは明るくてはっきりものを言う人です。口癖は彼に向かって「お前はホントにバカだね」と言うこと。でも、聞いていてこの言葉がそんなにイヤミがありません。それどころか親しみ、暖かみまで感じます。お母さんが浩平君に「バカだね」と言うと、「バカ」とは伝わってこずに、「お前は本当にいい子だね。私はお前のことが大好きだよ」そんなふうに伝わってくるのです。

その証拠に浩平君とお母さんの関係はとてもうまくいっているのです。浩平君も優秀な生徒で、明るく活発なクラスの人気者です。このような経験は、あなたにはありませんか？

もちろん言葉はパワーを持っています。子どもを活かすにも潰すにも大きな影響力があります。しかしこのようなことも起こることがあります。なぜでしょうか？

愛情にはいろいろな形が、そして思いやりにもいろいろな形があります。叱られても叩

かれても愛情を感じるということがあるし、逆にほめられても愛情のかけらも感じないことがあります。親の愛情や思いやりが伝わるかどうかは、何で決まるのでしょうか？

それは、伝える側の人の「在《あ》り方」に関係があります。在り方というのは「来るところ」のことです。では「来るところ」とは何でしょう。

お母さん、野球の守備位置《ポジション》を知っていますか？ 下の図は野球場です。今あなたが「ライト」の位置にいるとします。ライトからあなたがボールを投げます。

まず一塁の方向に。一塁手がそのボールを受けました。

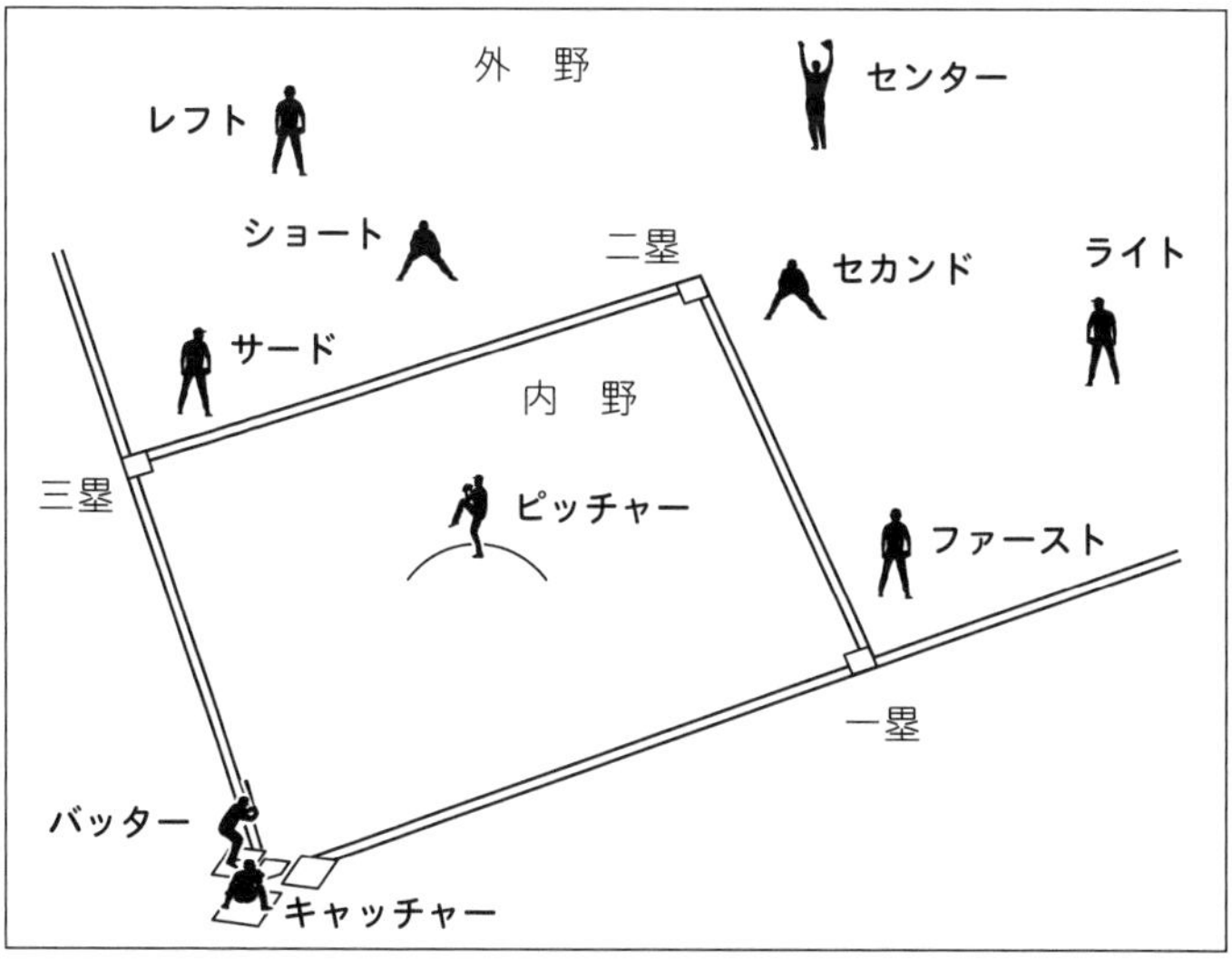

さて、このボールはどこから来ましたか？

そう。「ライトから」来ました。

次にあなたはレフトに速い球を投げました。

さて、このボールはどこから来たでしょう？

そう。「ライトから」来ました。

三塁に投げたワンバウンドの球も、内野席に投げた山なりボールも、あなたがライトという位置にいれば、どの方向にどんな種類のボールを投げても、あなたからのボールはすべて「ライトから」来ます。

これが「来るところ＝在り方」の意味です。

浩平君のお母さんは、「愛情」という位置《ポジション》＝来るところにいました。「お前は本当にバカだね」という言葉は「愛情」から来ました。だから浩平君には、お母さんの愛情が伝わりました。「愛情」という「位置＝来るところ」にいるときには、どんなボールをどこへ向かって投げてもすべて「愛情」として伝わっていきます。「思いやり」という「位置＝来るところ」にいるときは、お母さんのどんな言動も「思いやり」として伝わっていきます。

いろいろな形がある、とはこういう意味です。

万引きをして感じた母の愛情

私が小学校四年生のときでした。遠足の前日だったと思います。友達四人で遠足用のお菓子を買いに行きました。いつも行く顔見知りのお菓子屋さんの山田屋に近づいたとき、Yが言いました。

「なあ、万引きしようぜ!」ほんのいたずら心から出た言葉でした。

「まずいよ」と私。「わかんないよ」と一緒にいたAとO。

それほど悪いことではないという気持ちも正直ありました。私を除いた三人は、まるで楽しい遊びでもするように一人一品ずつ盗って山田屋を出ました。私は盗りませんでしたが、逆に「やめよう!」とも言いませんでした。むしろ一緒になって「やった、やった!」とその成功を喜んでいました。

遠足ではそのお菓子を四人で分けておいしく食べました。遠足の翌日、家に帰ると母が、話があると言って私を居間に正座させました。

「おとといY君たちと、山田屋さんで何をしたの?」

私の目を見据《す》えて、毅然《きぜん》として言った母の真剣な表情。その瞬間に私は「僕たちのしたことは悪いことだったんだ」と悟りました。母は手こそ出しませんでしたが、思いきり叱られました。私は今日まで、母に対して、何をやっても注意はされても叱られた記憶は他にありません。でもこのときだけは本当に叱られました。

「ひとの物を盗むなんて絶対いけない！」と子どもの私の骨身にしみました。そして母の真剣さに、恐くもあったけれど暖かな、包み込まれているような愛情を感じました。

親子関係の切り札「愛情の位置にいる！」

教育という字は教え、育《はぐく》むと書きます。

親は子に対して、社会のルールや家族のルール、やっていいことと悪いことを教えてあげなければなりません。そのときに大切なのは、どんな厳しいことを言うときも、ときには叩くときも、「愛情」の位置にいることです。「愛情」にいれば、感情からどなることはしません。子どもを悪く言ったり、子どもの存在そのものを否定するような言葉は、不思議と出てこないものなのです。そのときは、どんな言葉でも、どんなに強く言っても、子どもにはお母さんの愛情が伝わっていくのです。

3 子どもは母親の生き方を見て育つ

"依存"がつくる小さなゆがみがやがて関係にヒビを入れる

「二人の関係がうまくいかないんです」

知り合いの小村《おむら》さん夫婦が相談に来ました。ご主人はとても面倒見のいい人で、頼りがいがあります。奥さんは少し気が弱くて、小村氏にすっかり頼りきっているようです。

ちょっといたずら心が出て、私は二人に言いました。

「二人の関係を、今ここで身体を使って表現してみてください」

二人とも初めはとまどっていましたが、言われたままにそれを表現してくれました。

小村氏が立って、奥さんを抱きかかえたのです。体重四五キロで身長一五五センチの小柄な奥さん、体重七五キロで身長一七六センチの小村氏です。軽々とやりました。私は二人をそのポーズのままにして、うまくいかない出来事について質問していきました。二分くらいたったとき小村氏が「降ろしていいですか？」と尋ねました。

「もう少しそのままにしていて」と私。そのまま話を続けました。もう三分くらいたったときでしょうか。

小村氏はとうとう我慢しきれず、私に何も言わずに奥さんを床に降ろしてしまいました。どうしてこんなことをさせるのだろうという表情で私のことを見る二人に私は言いました。

「これが二人の関係なんですよ。疲れるでしょう」

二人はハッとしていました。

抱きかかえた瞬間は、小村氏も奥さんもとても幸福でした。しかし、依存の関係が少しずつ二人の中にストレスをためこませ、それは我慢しきれないものになっていったのです。

「確かに、私は彼女のいろいろなことが負担になってきていました。会社にいても、頼んだとおりに彼女は僕の友人へのお見舞いをきちんと手配してくれただろうか、などと気になって、仕事に集中できなかったりしました」

どんなことが小村氏のストレスになっていたかを、小村氏は具体的に話し始めました。奥さんはそんなに小村氏に負担をかけていたとは思っていなかったので、びっくりの表情です。

結局、夫婦として家庭での役割分担、責任分担をはっきりさせ、それを二人がそれぞれ責任を持ってやっていくことをその場で約束して、カウンセリングを終わりました。この話は夫婦や恋人同士だけのことではありません。あらゆる人間関係に言えることなのです。

人に気に入られるために生きているのではない

心理療法の一つであるゲシュタルト・セラピーの創立者、フリッツ・パールズは、いつもそのワークショップ（あるテーマを設けてお互いの成長を図っていく場）の初めに、参加者全員とこの詩を唱和したといわれます。

個人の存在と自律性を限りなく尊敬した詩として、私自身、最も好きな詩の一つです。

ゲシュタルトの祈り

わたしは　わたしのことをする
あなたは　あなたのことをする
わたしは　なにもあなたに気に入られるために生まれてきたわけではない

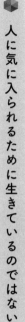

あなたも　わたしに気に入られるために生きているわけではない
わたしは　わたし
あなたは　あなた
もし二人が出会うとしたら　それはすばらしいことだ
もし出会わないとしても　それは仕方のないことだ

この「ゲシュタルト」の祈りと出会い、ワークショップに参加するまでの私は、まるで人に気に入られるために人生を生きているようでした。人に貢献するより、人に気に入ってもらえるかどうかが私にとっての最大の関心事でした。自分のこと、自分の体験を人に話すのがいやでした。どう見られるかが気になったからです。その結果、人に貢献する大きなチャンスを失ってきました。

人のやること、自分のやることの区別。人に気に入られるために生きているわけではない。人に貢献するために生まれてきたのだ、という発見は、私の新しい人生の始まりでした。そしてその発見をいつも力づけてくれるのが、この「ゲシュタルトの祈り」です。

親が生きがいを人生に見つけると、子どもは勝手に育っていく！

親子の関係も同じです。子どもに、自立して自分の人生に責任を取っていってほしいと思っているなら、子どもをそのように扱うことです。

前の項で扱った「愛情」の位置というのは、子どもをひとりの人格として限りなく尊重するということなのです。「子どものため」という大義名分での母親の愛情の押しつけは、けっして「愛情」の位置ではありません。

そしてもっと大切なことは、子どもに自立を望むならお母さん自身が自立することです。子どもを生きがいにすることは、けっして悪いことではありません。でもそれが過ぎると逆に子どもに負担をかけ、子どもの自立を値引きしてしまいます。

だからお母さん自身が人生でやりたいこと、自分を表現することを見つけて、それを始めることです。お母さんが自分の人生を生きている姿を子どもに見せるのです。

私が開くセミナーの「母親教室」に参加している峯岸《みねぎし》さんは三八歳。自分自身の人生のために何かやろう！ と決めて医療事務の勉強を始めました。そのことが、子どもにとてもいい影響を与えているると、峯岸さんから先日こんな手紙をいただきました。

……（前略）……身和《みわ》（小学校四年生）が学校から帰ってくるなり、

「児童会役員に立候補してクラス代表になったよ！」

と言ってきました。普段でも塾や習いごとで忙しい日々を送っているのに、立候補者が提出するという方針などの作文に早速とりかかっています。

私「すごいやる気だね。いつも感心するわ。そのやる気は一体どこから生まれてくるのかしら？」

身和「ママかな？ ママががんばっているからかもね……」

と笑いながら答えていました。私は子どもから力をもらっているのに……。

親はつい言葉で子どもをしつけようとしてしまいますが、子どもは親の態度や行動を見て学んでいくのだと改めて感じました。親も神様ではないので間違ったところや、ときには感情的に行動してしまうときもあるけれど、親が素直で正直になること、子どもを愛し、

自らが自分の人生を行動していくことが、いちばんの教育なのだろうとつくづく思いました。……（後略）……（原文のまま）

「子どもは親の言っていることではなく、親のやっていることを見て育つ！」

昔から言われているこの言葉の持つ意味とパワーを新たに感じ取ってみてください。

親が人生に生きがい、やりがいを見出し、そこを生きることが最高の教育です。そして、それはお母さんが自分自身にしてあげる人生で一番のプレゼントなのです。

4 生きているだけで母親合格

「お母さん、死んじゃった」に込められた思い

「私はこの子の母親としてふさわしくないのではないだろうか？——子育てをしていて、そんなふうに思っている人は手をあげてください」

講演会などで私がこの質問をすると、最低でも三分の一のお母さんが手をあげます。

自分の思うように子どもが育っていなかったり、自分自身を思うようにコントロールできなかったりして、子育て失格のレッテルを自分に貼ってしまっているお母さんが結構いるようです。でも、間違いなく言えることは、お母さんがどんなに自信を失っていても、生きているだけで、子どもにとっては何にも代えがたい存在だということです。

健一《けんいち》君はお母さんが大嫌い。お母さんの話になるといつも「クソババア！」と言っています。一緒に住むのもいやだと、近所にいるおじいちゃん、おばあちゃんと暮らしていいま

す。私が健一君と初めて会ったのは、彼が小学校四年生のときでした。活発で、目がクリッとしていて、とても素直な子でした。

彼を連れてきたおばあちゃんが開口一番、こう言いました。

「この子と母親との仲が悪くて困っているんです。この子は家に帰ろうとせず、ここ一年は私のところから学校にかよっているんです」

彼がお母さんのことを言うときは、「あのクソババア！」と、思い出すのさえいやだというような表情をして、吐き捨てるように言います。

半年間、カウンセリングをしましたが、なぜお母さんに対してそのような気持ちになったかは結局わからずじまい。お母さんへの彼の感情もあいかわらず「クソババア！」のままでした。その後、一年に二、三回、彼は私のところへ訪ねてきましたが、母親との関係に何の進展もありませんでした。

彼が中学一年生になった六月、彼のおばあちゃんから突然連絡がありました。健一君のお母さんが急に亡くなり、今日、お通夜とのことでした。

仕事を終え、葬儀場に私が到着したのは夜九時を少し過ぎていました。お焼香も終わり、親族らしき人々が七、八人、棺《ひつぎ》のそばで輪になって話し込んでいました。

ふとその輪のそばを見ると、中学生くらいの男の子が、顔をふせて肩をふるわせて泣いていました。健一君でした。彼に近づいて肩に手を置くと、静かに顔を上げて私を見ました。目から涙がとめどなくあふれていました。

「お母さん、死んじゃった」

そのとき初めて、彼が「お母さん」と言ったのを聞きました。

あんなに憎んでいたのに、あんなに「クソババア！」と罵《ののし》っていたのに。

やはり健一君にとっては「お母さんはお母さん」。かけがえのない存在だったのです。

〝もっと素直になればよかった。お母さんごめんなさい〟。そんな彼の思いが「お母さん、死んじゃった」の一言で伝わってきました。

子どもにとって、お母さんは絶対的な存在

私の母は、弊社が一〇周年をむかえるときに九二歳で他界しました。実家に行き母の位牌に手を合わせるたびに、生きていてくれたときのことがよみがえり、感謝の思いがあふれます。

子どもにとって、お母さんは絶対的な存在です。お母さんがご自分で、「母親として失格！」と思っていても、子どもにとってはかけがえのない存在なのです。

だから、どんなに「母親としての役割を果たしていない」と自分で思っていても、生きているだけで、存在しているだけで、母親として最高の役割を果たしているのです。子どもに対して何よりの力づけを与えているのです。

ぜひ、お母さん自身を自分で承認してあげてほしいと思います。

「よくやってきたね！」

そんな労《ねぎら》いの言葉を自分自身にかけてあげてほしいと思います。

そんなお母さんのスペースの中で、子どもが自分自身のことを、自分の存在そのものを承認し、自立して、人生を歩み始めるのです。

5　「自分が源泉」を生きる

主体性を育み、可能性が広がる

私は、講演会や研修などで「自分が源泉」という捉え方をお伝えしています。

「自分が源泉」――国語辞典を引くと「源泉」とは「物事の始まり」と書いてあります。ですから、「自分が源泉」とは、自分から全ての物事は始まっている、ということです。

これを私は、「全ての結果は自分が創り出している！という立場をとること」と皆さんに伝えています。とても自分が創り出したとは思えないことも含めて、《すべてを自分が創っているとしたら》という立場で結果に向き合ってみてください、結果を受け取ってください、というおすすめなのです。

自分が源泉という考え方は、自分からすべてが始まっているという立場をとることなので、それが「良いこと」とか「悪いこと」という判断、解釈をすることとは違います。「良い、悪い」は別にして、ただ事実を事実として捉え「自分が創ったという観点に立って」

結果と向き合ってくださいというおすすめです。

「自分で創った結果は自分で創りなおせる！」

これが「自分が源泉」の持っているパワーです。すべての結果を自分が創ったという立場をとるということは、すべての結果を創り出す影響力もパワーも自分自身の手元にあると言うことなのです。そういう捉え方、在り方に立ってみることを「自分が源泉」と言います。

大切なのは起こった出来事や結果ではなく、それをどのように捉えるかという意識の在り方です。良いとか悪いとかの判断、解釈はそのままにして、自分が創り出している結果に対する自分自身の在り方・捉え方を見てください。そして、もし自分が状況や環境、周囲の人を悪者扱いしていたらその思いはそのままにして「自分が源泉」の立場をとってみてください。

宿題が終わっていない

「うちの子は、主体性がないんです。自分で考えないんですよね。宿題もやりなさいと言わないとやらないいんです。何も言わないと宿題にまったく手をつけないいんです」

私はこのようなことをお母さんが言っているとき、子どもが創っている「宿題が終わっていない」結果を「自分から始まっている」と捉えてみてくださいとおすすめしています。

「自分が源泉」のパワーはとてもシンプルです。

それは、「自分で創り出した結果なら、自分で創り変えることができる」ということです。

そして、「自分が源泉」で物事を捉えるとき大切なのは「結果」に「良い悪い」を持ちこまないということです。

「宿題が終わっていない」結果を「良い」「悪い」の判断・解釈で捉えると「結果の良し悪し」が「自分の良し悪し」に連動してきます。母親である自

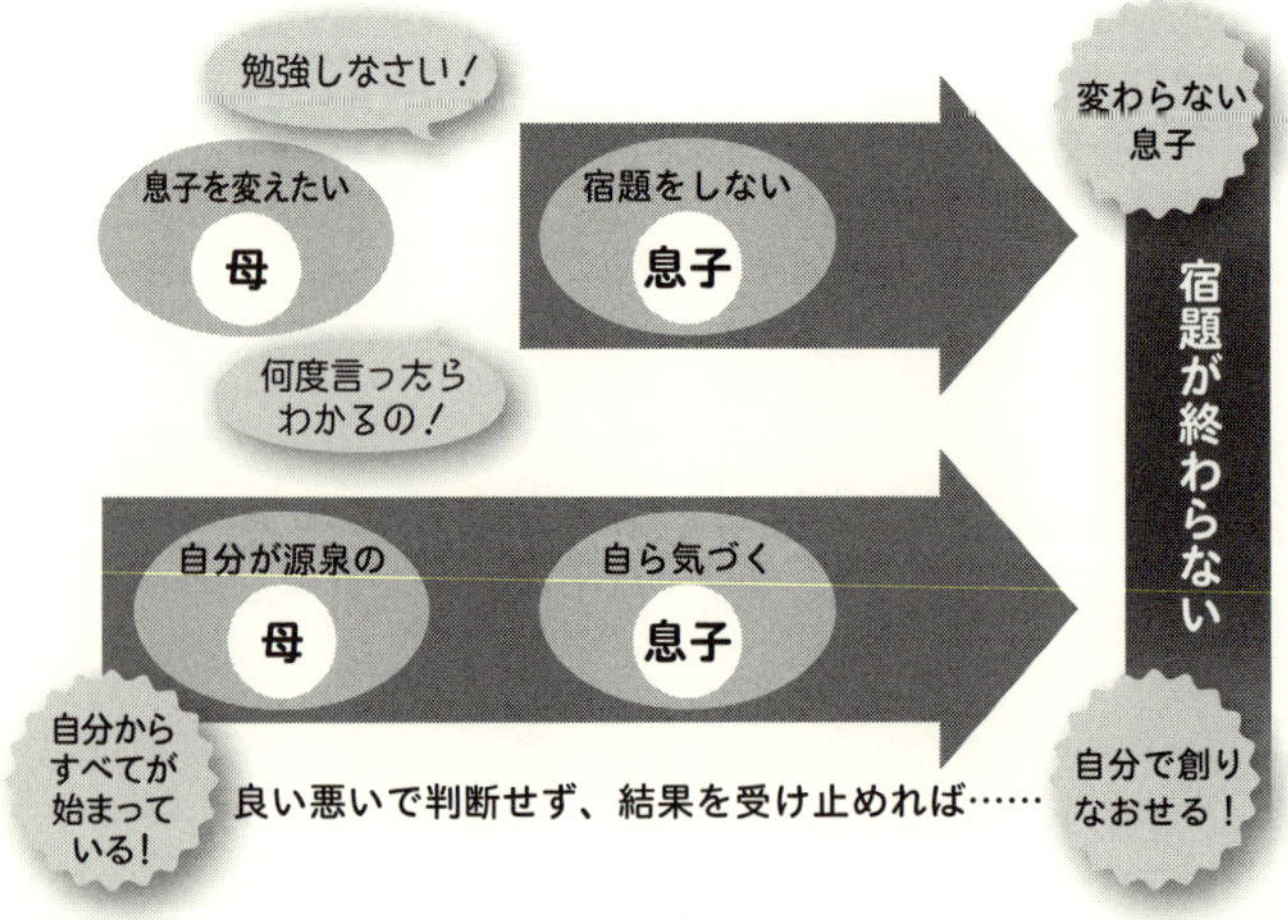
勉強しなさい！
息子を変えたい
母
宿題をしない
息子
何度言ったらわかるの！
変わらない息子
宿題が終わらない
自分が源泉の
母
自ら気づく
息子
自分からすべてが始まっている！
良い悪いで判断せず、結果を受け止めれば……
自分で創りなおせる！

分が悪いのかと自分自身を値引き（ディスカウント）したその瞬間、「子どもを変えなくては！」という自己内会話が起こり、子どもを叱《しか》ったり責めたり……。

この瞬間から「過去と他人は変えられない！」という「原理原則」から外れてくるようです。

起こっている事実は「宿題が終わる結果を子どもが創っていない」ことです。では、「宿題が終わる」結果を「子どもが創る」にはどうしたらいいのでしょうか？

カギは、「子ども」と「親」との関わりの関係性にあるようです。

子どもの行動に影響を与える「関わりの力」には二種類あります。

一つは「フォース」（Force）。「強いる力」です。

力づくで子どもを動かそうとするとき働く力で、この力は特に子どもが小さいころ、子どもを変えようと思ったとき「圧倒的な威力」を発揮します。そして、多分、子どもが大きくなってこの力を使おうとしたときは、子どもは反発し親子の関係にひずみが入っていくでしょう。

もう一つは「エンパワー」（empower）。「力付ける力」です。

この力は子どもが本来持っているやる気、優しさ、力強さ…を子ども自身が自ら主体的に使っていく力です。良い悪いの判断を交えず話を聞いてあげること。その背景にある思いや感情に心、関心を寄せてあげること。承認の言葉をかけてあげること。

お母さんからのエンパワーによって、子どもが自ら自分自身を承認し、内なる力に気づいていくプロセスには無限の可能性が秘められています。

「自分が源泉」からの物事の捉え方は、お母さんの本来持っている子どもの主体性を育むエンパワーの力を引き出し、子どもが自ら気づくような働きかけやオープンなコミュニケーションをとるなど、行動を呼び起こす一助になるものと確信します。

子どもが新しい一歩を踏み出すために自分にどんな言葉をかけ、行動が起こせるか、この本と一緒に考えてみてください。

ビジョンから見るプロセス

「ビジョンから見る！」という習慣をつけると……

現状から見ると大きな課題で、解決できない、どうにもならない、と思っていることでも、ビジョンから見ると、「創り出したい結果」を創るために何に取り組めばいいかが見えてくるようです。

そこで大切なのは「ビジョンから見るプロセス」です。

「ビジョンから見るプロセス」には二つの大切な「自分自身への問いかけ」があります。

一つ目のプロセスは「ビジョンを明確に創作するための問いかけ」です。

ビジョンを創作するときのキーワードは「何でも可能だとしたら、どんなことが起こったらいいか…？」という自分自身のビジョンへの問いかけです。

現状からビジョンを見たとき、私たちは自動的に過去の経験が呼び起こされ、「無理だ」「不可能だ」と様々な障害が見えてくるようです。

「何でも可能だとしたら…」という言葉は、この過去の経験から自分の中に自動的に見えてくる障害を一度、「脇」に置いておく力があります。

二つ目のプロセスは「ビジョン実現の為にどのような行動をするかという問いかけ」です。

「どのようにしたら（ビジョン）になるだろうか！」

この問いかけをしてビジョンから捉え、ビジョンから行動を起こしていくのです。

《どのようにしたら、子どもがやりたいと言っている中学受験にチャレンジして子どもにあった中学校に合格し、中学受験を通して人間力を培えるだろうか！》

このメッセージは息子さんとの二人三脚で中学受験に挑戦し、大きな成果を創り出した日野原寿美《ひのはらことみ》さんが語ってくれた体験談の中のメッセージです。

日野原寿美さんの事例

講演会や研修を受講した、日野原寿美さんから「『自分が源泉』を学んだおかげで、中学受験をした息子が第一志望校にご縁をいただき合格することができました」と、嬉しい知らせが入りました。

しかも、最難関校七校に合格したと言うのです。日野原さんにお話しを伺ってみました。

子どもが小学三年生のときに中学受験をするかどうか大変悩んでいました。小学生時代には学力だけではなく、体力作りやお友達と楽しく遊ぶこと、物事に一生懸命に取り組む姿勢、やり抜く（生き抜く）力を育みたいと考えていたので、多くの時間を通塾に費やすことに不安を感じていたんです。さらに、主人が中学受験に反対していること、両親ともに中学受験を経験していないこと、共働きのため時間に余裕がなくサポートが十分にできないこと、勉強を教えてあげられないことなど中学受験をすると決めるには課題が多く障害になることが多数あったんです。

そこで研修で学んだ「ビジョンから捉える」「自分が源泉で捉える」をやってみたんです。まず、自分で「何でも可能だとしたら、どうなりたいか？」と問いかけました。浮かんできた答えは、「子どもがやりたいと言っている中学受験にチャレンジして子どもにあった中学校に合格し、中学受験を通して人間力を培えること」でした。

そして明確になったビジョンに問いかけてみたんです。

《どのようにしたら、子どもがやりたいと言っている中学受験にチャレンジして子どもにあった中学校に合格し、中学受験を通して人間力を培えるだろうか！》

何度もこの問いかけを自分にするたびに、子どもが志望校に合格し、そのプロセスで人として成長している姿がイメージの中で鮮明に見えてきたんです。私の気持ちも前向きになり「きっと息子ならできる！」って感じたんです。「現状から見る」のと「ビジョンから見る」のではまったく違ったものが見えてきたんです。気持ちが違ってきました。現状から見ると、中学受験なんか我が家には無理だと思えて障害に見えていたり、難しいよな、到底無理だと思えてくることも、「何でも可能だとしたら」と枠を外してみて、ビジョンから現状を見ると可能性が見えてきます。

　研修でやった通りのことが現実に起こったんです。

「ビジョンを明確にして、ビジョンから現状を見てみると突破口が見えてくる」

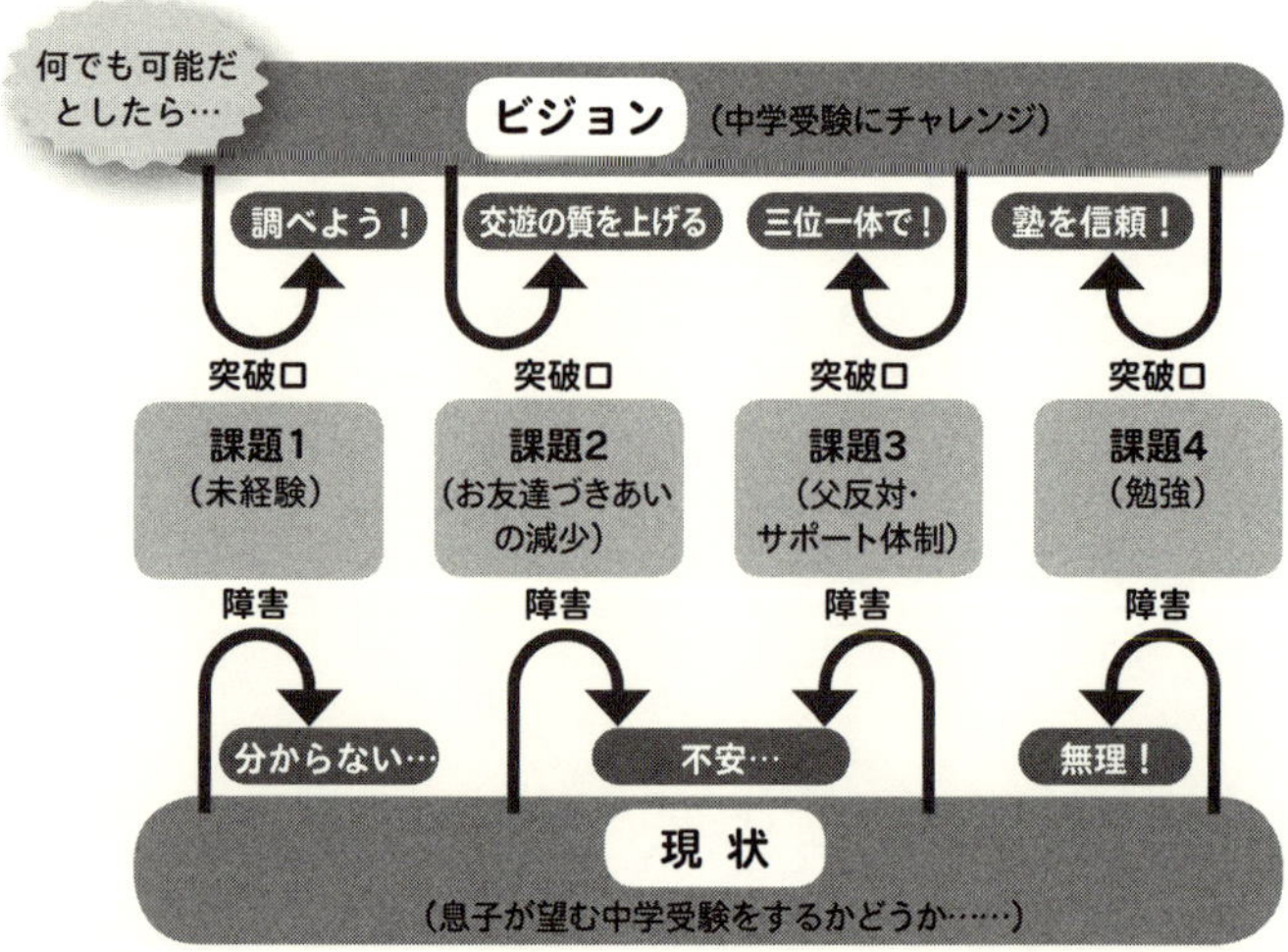

「障害に見えることがビジョンから見ると突破口になる」これをやればこうなるよと。

日野原さんは、中学受験について調べ、ご主人と話し合い、方針やサポート体制を決め、勉強については塾のプロを信頼し塾・家庭・本人の三位一体の体制をとり、家庭では子どもがのびのびと友達と遊べ、学校にも楽しく通うこと、やる気の維持や体調管理などに務めることにして取り組んだそうです。

ビジョンを明確にして、ビジョンから見て、自分に問いかけてみる。障害だと思っていたことが突破口に見えてくる。すると突破口が見えて克服しなければならない壁がピンポイントで見えてくるのです。

「『自分が源泉』は物事の捉え方のおすすめなんですね。現状から物事を捉えるか、いったん今までの経験の枠を外して、《何でも可能だとしたら》というところからビジョンを明確にして、腹を決めて立てば障害に見えていたことが突破口に見えてくるのですね」

合格の報告に来てくれたとき日野原さんが笑顔で語ってくれました。

あとがき

私の「生き方」の源泉は「父」と「母」です。父と母、そして息子としての私との関係において、強い影響を受けてきました。今、自身が三児の親となり、振り返るにあたって、「親子の絆」について深く考えることが多くあります。

私の父は尋常高等小学校卒業後、上京して小学館の創設時の新米社員として社会人生活を始めました。終戦後には「新生閣」という出版社を興し、さまざまな出版企画に心血を注ぎながら、最終的には集英社の副社長を務めあげ、八四歳で他界しました。

寡黙《かもく》な父で、多くは語りませんでしたが、その後ろ姿、出版関係の方から聞こえてくる人物評などから、父の存在を誇りに思って生きてきました。

母は、私の人生がつねに前に進むよう、物事の捉え方、そして「在り方」について導いてくれた人でした。

私が小学五年生のとき、こんなことがありました。

家の近くの公園で遊んでいた私は、ベンチに置いていた財布を盗まれたことに気づきました。そばにいた中学生らしき三人の仕業《しわざ》に違いないと思いましたが、すでに彼らの姿はなく、悔しさと怒りから、家に帰って母親にそのことを話しました。

「財布を盗まれた。あいつらに違いない。世の中には悪いヤツがいる！」

しかし母親から返ってきたのは意外な言葉でした。

「あのね、世の中には悪い人はいないんだよ。ただ、人間には出来心というのがあってね、もしその子たちが盗んだのだとしたら、お前が置いておいた財布を見て、つい出来心が起きたんだろうね。だからもしお前が財布をそんなところに置いておかなければ、その子たちはそんな気持ちにならずにすんだかもしれないね」

この言葉を聞いた瞬間、不思議な感覚が自分の内部に湧《わ》き上がったことを今でも覚えています。「そういうことか！」と、目が覚めるような思いでした。

「すべての物事は、自分から始まっている！」

あらゆる物事の「捉え方の種」が私自身に植えこまれた瞬間だったのです。

誇張《こちょう》でもなんでもなく、この母の言葉で私の人生は幸せになりました。長じるにつれ、母から受け取った言葉の種が芽吹き、成長して花を咲かせるように、「自分から物事のすべてが始まっている。だからこそ、自分で創った結果なら、自分で創り変えることができる！」と、自分の中で揺るぎのない核ができあがったからです。

もちろん、完璧な人間などこの世に存在しない（おもしろ味がないですよね）ですし、私の父や母も人間らしい一面―たとえば腹を立てたり、何か失敗したり、言葉の使い方を間違えたり―を持っていました。ただ、忙しくていた父の姿を見て憧れ、母のいさめる言葉をそのまま素直に受け取れるような土壌とも言うべき、親子の関係（絆）があったことは間違いなく真実です。

三児の父である私は、まだまだ両親に及びません。迷い、戸惑いながら毎日を過ごしています。子育てに邁進《まいしん》されているみなさんも同じことと思います。でも、だからこそ人間っておもしろいし、素晴らしいと思うのです。よく見てみると間違いだらけ、あわてものの私たちが、それでも人生を、子どもとの関係を、よりよくしていこうとする姿が美しい。

本書が、転びながら、戸惑いながらも前進していくお母さんの少しでもお役に立てたら光栄です。

私の主催する「シナジー」（融合の意味――シナジー・スペース㈱の提供している研修のスペースです）では、お母さんに限らず、自分の人生を、とまどいながらもちょっと前進させてみたいと思っている人たちを対象に二日間の公開セミナーをやっています。年齢は二〇歳以上（八九歳が過去最高齢）。職業もさまざま、男性・女性も約半々。いろいろな人たちがそれぞれの思いを持って人生を分かち合います。自分がより輝くよう自身の言動を洞察し、その本質に気づき行動していく、そんな心理ゲームで組み立てられた二日間です。

楽しく、人と関わりながら成長していきます。興味のある方は、ぜひお問い合わせください。

鈴木《すずき》　博《ひろし》

著者紹介

鈴木 博（すずき・ひろし）

昭和22年生まれ。立教大学卒。昭和50年に鈴木博研究所・開進義塾を設立。平成元年にシナジー・スペース株式会社を設立。日本におけるヒューマングロウス（人間成長）トレーニングの代表的指導者。ヒューマニスティックサイコロジー、哲学、経営、その実践的人間探求の中から40年間で5万人を超える研修参加者、経営者の成長と突破に貢献。「自分が源泉」の在り方をベースにした教育訓練を実施。平成7年には中小企業経営者研究「SEE」を開始し、社外重役制度を取り入れたその研修方法は多くの経営者の支持を得、現在延べ1700社を越えるネットワークに成長している。

【お問い合わせ】

シナジー・スペース株式会社（Synergy Space Co., Ltd.）

〒141-0031　東京都品川区西五反田2-1-22プラネットビル8階

HP：http://www.synergy.ne.jp

電話：03-3491-4172　E-mail：info@synergy.ne.jp

カバーイラスト　坂本伊久子

本文イラスト　薮乃ラン

装丁造本　寺村隆史

わが子《こ》が幸《しあわ》せになるお母《かあ》さんの一言《ひとこと》

「心《こころ》の法則《ほうそく》」で育《はぐく》む親子《おやこ》の絆《きずな》

2018年10月10日　第1版第1刷　発行

著　者 …… 鈴木　博

発行者 …… 矢部敬一

発行所 …… 株式会社 創元社

http://www.sogensha.co.jp/

本社　〒541-0047 大阪市中央区淡路町 4-3-6

Tel.06-6231-9010 Fax.06-6233-3111

東京支店　〒101-0051 東京都千代田区神田神保町 1-2 田辺ビル

TEL.03-6811-0662

印刷所 …… モリモト印刷株式会社

ISBN978-4-422-11298-5　C0011